KB203775

날마다 은혜와 기쁨이 가득한

365일 말씀 암송

날마다 은혜와 기쁨이 가득한

365일 말씀 암송

초판 3쇄 인쇄 2023년 12월 15일
초판 3쇄 발행 2023년 12월 22일

엮은이 | 김지숙

펴낸곳 | 아인북스

펴낸이 | 김지숙

등록번호 | 제2014-000010호

주소 | 서울시 금천구 가산디지털로 98 B208호(가산동, 롯데아이티캐슬)

전화 | 02-868-3018   팩스 | 02-868-3019

메일 | bookakdma@naver.com

ISBN | 978-89-91042-75-9   00230

날마다 은혜와 기쁨이 가득한

365일
말씀암송

김지숙 엮음

아이북스

● 열망하는 신앙생활 목표 ●

부지런하여 게으르지 말고 열심을 품고 주를 섬기라
-로마서 12:11

_____

_____

_____

● 내 삶에 간직하는 말씀 ●

주의 말씀대로 나를 붙들어 살게 하시고 내 소망이
부끄럽지 않게 하소서 -시편 119:116

_____

_____

_____

● 하나님께 드리는 기도 제목 ●

기도를 계속하고 기도에 감사함으로 깨어 있으라
-골로새서 4:2

_____

_____

_____

《365일 말씀 안의 사랑》은 세상의 그 무엇보다도 귀하고 값진 말씀들을 주제별로 엄선하여 실었습니다.

한결 같이 주님의 자녀답게 선한 어린 목자와 같이 말씀을 사모하는 마음으로 날마다 읽고 묵상하고 암송하게 하시기 바랍니다.

믿음의 생활 가운데 어떤 시련과 고난이 닥쳐와도 흔들리지 않는 신앙의 힘과 하나님의 성령과 은혜가 충만하게 될 것입니다.

언제나 변하지 않는 하나님의 말씀, 성경을 통하여 진정한 하나님의 뜻을 발견하는 겸허한 시간이 되시길 바랍니다.

차례

31일
은혜로운 말씀

요 한 복 음   1장 14절
요 한 복 음   1장 18절
사 도 행 전   17장 24~25절
로 마 서   11장 33절
고린도후서   1장 3~4절
디모데전서   6장 15~16절
요 한 일 서   1장 5절
요 한 일 서   4장 4절
요 한 일 서   4장 16절

고린도전서   7장 3~4절
에 베 소 서   6장 4절
빌 립 보 서   1장 27절
야 고 보 서   1장 9~10절
야 고 보 서   4장 14절

3. 인생

0211~0225

욥 기   25장 4~6절
시 편   39편 4~5절
시 편   90편 3~4절
시 편   90편 10절
시 편   144편 3~4절
시 언   22장 6절
잠 언   23장 24절
잠 언   27장 1절
전 도 서   1장 2~4절
전 도 서   5장 15~16절

4. 의로움

0226~0307

욥 기   35장 7~8절
시 편   118장 19~20절
이 사 야   64장 6절
로 마 서   3장 23~24절
로 마 서   4장 25절
로 마 서   5장 1절
로 마 서   5장 18~19절
로 마 서   10장 3~4절
고린도전서   1장 30절
갈라디아서   3장 10~11절
빌 립 보 서   3장 9절

2장

그리스도를
닮아가는 삶

7. 기도

0401-0430

시　　편　86편 1~6절
시　　편　51편 17절
시　　편　145편 18절
잠　　언　30장 7~8절
이 사 야　58장 9절
이 사 야　64장 7절
예 레 미 야　29장 12~13절
예 레 미 야　33장 3절
스 바 냐　1장 6절
마 태 복 음　6장 6절
마 태 복 음　6장 33절
마 태 복 음　18장 18~20절
마 태 복 음　21장 22절
마 태 복 음　26장 41절
마 가 복 음　1장 35절
누 가 복 음　11장 9~10절
누 가 복 음　22장 40절
요 한 복 음　15장 7절
요 한 복 음　15장 16절
로 마 서　8장 26~27절

에 베 소 서　3장 20절
빌 립 보 서　4장 4~7절
골 로 새 서　4장 2~3절
데살로니가전서　5장 16~18절
디모데전서　2장 1~2절
히 브 리 서　5장 7절
야 고 보 서　1장 5~6절
야 고 보 서　5장 13~15절
베드로전서　4장 7절
요 한 일 서　5장 14~15절

8. 교제

0501-0520

시　　편　133편 1~3절
잠　　언　3장 5~7절
이 사 야　41장 10절
마 태 복 음　20장 27~28절
로 마 서　6장 12~13절
로 마 서　8장 9절
로 마 서　12장 4~5절
고린도전서　1장 9절
고린도전서　15장 58절

13. 평안

0714~0726

욥 기	11장 18~19절
시 편	4편 7~8절
시 편	23편 6절
시 편	119편 165절
잠 언	14장 12~13절
전 도 서	5장 10절
이 사 야	26장 3절
마 태 복 음	11장 28~30절
요 한 복 음	14장 27절
로 마 서	14장 17절
빌 립 보 서	4장 7절
골 로 새 서	3장 15절
데살로니가후서	3장 16절

요 한 복 음	4장 14절
요 한 복 음	5장 24절
요 한 복 음	6장 35절
요 한 복 음	6장 40절
요 한 복 음	10장 28~29절
요 한 복 음	11장 25~26절
요 한 복 음	17장 3절
로 마 서	6장 23절
갈라디아서	6장 7~8절
디 도 서	3장 7절
요 한 일 서	5장 13절

14. 영생

0727~0809

다 니 엘	12장 2~3절
마 태 복 음	7장 13~14절
요 한 복 음	3장 16절

4장

요동하지 않는
믿음과 전도

23. 심판

1223~1231

일러두기

1. 한글성경은 개역개정판
   으로 실었습니다.
2. 영어성경은 NIV로 실었
   습니다.
3. 각 장별 말씀의 차례는
   구약, 신약의 순서대로
   하였습니다.
4. 암송은 날마다 경건한 마
   음과 기도로 시작하시기
   바랍니다.
5. 암송이 간혹 어렵더라도
   부지런히 쉬지 말고 반복
   하시기 바랍니다.

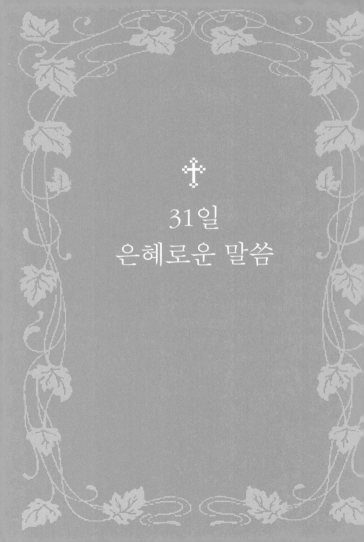

✝

31일
은혜로운 말씀

외롭거나 두려울 때

1 여호와는 나의 목자시니 내게 부족함이 없으리로다
2 그가 나를 푸른 풀밭에 누이시며 쉴 만한 물 가로 인도하시는도다
3 내 영혼을 소생시키시고 자기 이름을 위하여 의의 길로 인도하시는도다
4 내가 사망의 음침한 골짜기로 다닐지라도 해를 두려워하지 않을 것은 주께서 나와 함께 하심이라 주의 지팡이와 막대기가 나를 안위하시나이다
5 주께서 내 원수의 목전에서 내게 상을 차려 주시고 기름을 내 머리에 부으셨으니 내 잔이 넘치나이다
6 내 평생에 선하심과 인자하심이 반드시 나를 따르리니 내가 여호와의 집에 영원히 살리로다
   -시편 23편 1~6절

위험에 처했을 때

1 지존자의 은밀한 곳에 거주하며 전능자의 그늘 아래에 사는 자여,

2 나는 여호와를 향하여 말하기를 그는 나의 피난처요 나의 요새요 내가 의뢰하는 하나님이라 하리니

3 이는 그가 너를 새 사냥꾼의 올무에서와 심한 전염병에서 건지실 것임이로다

4 그가 너를 그의 깃으로 덮으시리니 네가 그의 날개 아래에 피하리로다 그의 진실함은 방패와 손 방패가 되시나니

5 너는 밤에 찾아오는 공포와 낮에 날아드는 화살과

6 어두울 때 퍼지는 전염병과 밝을 때 닥쳐오는 재앙을 두려워하지 아니하리로다

7 천 명이 네 왼쪽에서, 만 명이 네 오른쪽에서 엎드러지나 이 재앙이 네게 가까이 하지 못하리로다

8   오직 너는 똑똑히 보리니 악인들의 보응을 네가 보리로다

9   네가 말하기를 여호와는 나의 피난처시라 하고 지존자를
    너의 거처로 삼았으므로

10 화가 네게 미치지 못하며 재앙이 네 장막에 가까이 오지
    못하리니

11 그가 너를 위하여 그의 천사들을 명령하사 네 모든 길에
    서 너를 지키게 하심이라

12 그들이 그들의 손으로 너를 붙들어 발이 돌에 부딪히지
    아니하게 하리로다

13 네가 사자와 독사를 밟으며 젊은 사자와 뱀을 발로 누르
    리로다

14 하나님이 이르시되 그가 나를 사랑한즉 내가 그를 건지
    리라 그가 내 이름을 안즉 내가 그를 높이리라

15 그가 내게 간구하리니 내가 그에게 응답하리라 그들이
    환난 당할 때에 내가 그와 함께 하여 그를 건지고 영화롭
    게 하리라

16 내가 그를 장수하게 함으로 그를 만족하게 하며 나의 구
    원을 그에게 보이리라 하시도다

    -시편 91편 1~16절

진실한 사랑을
나누려고 할 때

1 내가 사람의 방언과 천사의 말을 할지라도 사랑이 없으면 소리 나는 구리와 울리는 꽹과리가 되고

2 내가 예언하는 능력이 있어 모든 비밀과 모든 지식을 알고 또 산을 옮길 만한 모든 믿음이 있을지라도 사랑이 없으면 내가 아무 것도 아니요

3 내가 내게 있는 모든 것으로 구제하고 또 내 몸을 불사르게 내줄지라도 사랑이 없으면 내게 아무 유익이 없느니라

4 사랑은 오래 참고 사랑은 온유하며 시기하지 아니하며 사랑은 자랑하지 아니하며 교만하지 아니하며

5 무례히 행하지 아니하며 자기의 유익을 구하지 아니하며 성내지 아니하며 악한 것을 생각하지 아니하며

6 불의를 기뻐하지 아니하며 진리와 함께 기뻐하고

7 모든 것을 참으며 모든 것을 믿으며 모든 것을 바라며 모든 것을 견디느니라

8 사랑은 언제까지나 떨어지지 아니하되 예언도 폐하고 방
   언도 그치고 지식도 폐하리라
9 우리는 부분적으로 알고 부분적으로 예언하니
10 온전한 것이 올 때에는 부분적으로 하던 것이 폐하리라
   -고린도전서 13장 1~10절

성령을 통한
생명의 확인이 필요할 때

1 그러므로 이제 그리스도 예수 안에 있는 자에게는 결코
  정죄함이 없나니
2 이는 그리스도 예수 안에 있는 생명의 성령의 법이 죄와
  사망의 법에서 너를 해방하였음이라
3 율법이 육신으로 말미암아 연약하여 할 수 없는 그것을
  하나님은 하시나니 곧 죄로 말미암아 자기 아들을 죄 있
  는 육신의 모양으로 보내어 육신에 죄를 정하사
4 육신을 따르지 않고 그 영을 따라 행하는 우리에게 율법
  의 요구가 이루어지게 하려 하심이니라
5 육신을 따르는 자는 육신의 일을, 영을 따르는 자는 영의
  일을 생각하나니
6 육신의 생각은 사망이요 영의 생각은 생명과 평안이니라
7 육신의 생각은 하나님과 원수가 되나니 이는 하나님의
  법에 굴복하지 아니할 뿐 아니라 할 수도 없음이라

8　육신에 있는 자들은 하나님을 기쁘시게 할 수 없느니라

9　만일 너희 속에 하나님의 영이 거하시면 너희가 육신에
　　있지 아니하고 영에 있나니 누구든지 그리스도의 영이
　　없으면 그리스도의 사람이 아니라

10　또 그리스도께서 너희 안에 계시면 몸은 죄로 말미암아
　　죽은 것이나 영은 의로 말미암아 살아 있는 것이니라

　　　　　　　　　　　-로마서 8장 1~10절

평안과 휴식이 필요할 때

🕊

25 그 때에 예수께서 대답하여 이르시되 천지의 주재이신 아버지여 이것을 지혜롭고 슬기 있는 자들에게는 숨기시고 어린 아이들에게는 나타내심을 감사하나이다

26 옳소이다 이렇게 된 것이 아버지의 뜻이니이다

27 내 아버지께서 모든 것을 내게 주셨으니 아버지 외에는 아들을 아는 자가 없고 아들과 또 아들의 소원대로 계시를 받는 자 외에는 아버지를 아는 자가 없느니라

28 수고하고 무거운 짐 진 자들아 다 내게로 오라 내가 너희를 쉬게 하리라

29 나는 마음이 온유하고 겸손하니 나의 멍에를 메고 내게 배우라 그리하면 너희 마음이 쉼을 얻으리니

30 이는 내 멍에는 쉽고 내 짐은 가벼움이라 하시니라

-마태복음 11장 25~30절

죄를 용서받기 위해
기도할 때

1 하나님이여 주의 인자를 따라 내게 은혜를 베푸시며 주의 많은 긍휼을 따라 내 죄악을 지워 주소서

2 나의 죄악을 말갛게 씻으시며 나의 죄를 깨끗이 제하소서

3 무릇 나는 내 죄과를 아오니 내 죄가 항상 내 앞에 있나이다

4 내가 주께만 범죄하여 주의 목전에 악을 행하였사오니 주께서 말씀하실 때에 의로우시다 하고 주께서 심판하실 때에 순전하시다 하리이다

5 내가 죄악 중에서 출생하였음이여 어머니가 죄 중에서 나를 잉태하였나이다

6 보소서 주께서는 중심이 진실함을 원하시오니 내게 지혜를 은밀히 가르치시리이다

7 우슬초로 나를 정결하게 하소서 내가 정하리이다 나의 죄를 씻어 주소서 내가 눈보다 희리이다

8 내게 즐겁고 기쁜 소리를 들려 주시사 주께서 꺾으신 뼈들도 즐거워하게 하소서

9 주의 얼굴을 내 죄에서 돌이키시고 내 모든 죄악을 지워 주소서

10 하나님이여 내 속에 정한 마음을 창조하시고 내 안에 정직한 영을 새롭게 하소서

11 나를 주 앞에서 쫓아내지 마시며 주의 성령을 내게서 거두지 마소서

12 주의 구원의 즐거움을 내게 회복시켜 주시고 자원하는 심령을 주사 나를 붙드소서

13 그리하면 내가 범죄자에게 주의 도를 가르치리니 죄인들이 주께 돌아오리이다

14 하나님이여 나의 구원의 하나님이여 피 흘린 죄에서 나를 건지소서 내 혀가 주의 의를 높이 노래하리이다

15 주여 내 입술을 열어 주소서 내 입이 주를 찬송하여 전파하리이다

-시편 51편 1~15절

재물로 근심이 생겼을 때

🕊

19 너희를 위하여 보물을 땅에 쌓아 두지 말라 거기는 좀과
   동록이 해하며 도둑이 구멍을 뚫고 도둑질하느니라
20 오직 너희를 위하여 보물을 하늘에 쌓아 두라 거기는 좀
   이나 동록이 해하지 못하며 도둑이 구멍을 뚫지도 못하
   고 도둑질도 못하느니라
21 네 보물 있는 그 곳에는 네 마음도 있느니라
22 눈은 몸의 등불이니 그러므로 네 눈이 성하면 온 몸이 밝
   을 것이요
23 눈이 나쁘면 온 몸이 어두울 것이니 그러므로 네게 있는
   빛이 어두우면 그 어둠이 얼마나 더하겠느냐
   -마태복음 6장 19~23절

일이나 여행으로
집을 떠나 있을 때

1 내가 산을 향하여 눈을 들리라 나의 도움이 어디서 올까
2 나의 도움은 천지를 지으신 여호와에게서로다
3 여호와께서 너를 실족하지 아니하게 하시며 너를 지키시
   는 이가 졸지 아니하시리로다
4 이스라엘을 지키시는 이는 졸지도 아니하시고 주무시지
   도 아니하시리로다
5 여호와는 너를 지키시는 이시라 여호와께서 네 오른쪽에
   서 네 그늘이 되시나니
6 낮의 해가 너를 상하게 하지 아니하며 밤의 달도 너를 해
   치지 아니하리로다
7 여호와께서 너를 지켜 모든 환난을 면하게 하시며 또 네
   영혼을 지키시리로다
8 여호와께서 너의 출입을 지금부터 영원까지 지키시리로다
   -시편 121편 1~8절

주위 사람에게
따돌림을 당할 때

31 그런즉 이 일에 대하여 우리가 무슨 말 하리요 만일 하나
   님이 우리를 위하시면 누가 우리를 대적하리요

32 자기 아들을 아끼지 아니하시고 우리 모든 사람을 위하
   여 내주신 이가 어찌 그 아들과 함께 모든 것을 우리에게
   주시지 아니하겠느냐

33 누가 능히 하나님께서 택하신 자들을 고발하리요 의롭다
   하신 이는 하나님이시니

34 누가 정죄하리요 죽으실 뿐 아니라 다시 살아나신 이는
   그리스도 예수시니 그는 하나님 우편에 계신 자요 우리
   를 위하여 간구하시는 자시니라

35 누가 우리를 그리스도의 사랑에서 끊으리요 환난이나 곤
   고나 박해나 기근이나 적신이나 위험이나 칼이랴

36 기록된 바 우리가 종일 주를 위하여 죽임을 당하게 되며
   도살 당할 양 같이 여김을 받았나이다 함과 같으니라

37 그러나 이 모든 일에 우리를 사랑하시는 이로 말미암아
　 우리가 넉넉히 이기느니라

38 내가 확신하노니 사망이나 생명이나 천사들이나 권세자
　 들이나 현재 일이나 장래 일이나 능력이나

39 높음이나 깊음이나 다른 어떤 피조물이라도 우리를 우리
　 주 그리스도 예수 안에 있는 하나님의 사랑에서 끊을 수
　 없으리라

　 -로마서 8장 31~39절

세상의 재물에
욕망을 두려고 할 때

21 예수께서 그를 보시고 사랑하사 이르시되 네게 아직도
    한 가지 부족한 것이 있으니 가서 네게 있는 것을 다 팔
    아 가난한 자들에게 주라 그리하면 하늘에서 보화가 네
    게 있으리라 그리고 와서 나를 따르라 하시니

22 그 사람은 재물이 많은 고로 이 말씀으로 인하여 슬픈 기
    색을 띠고 근심하며 가니라

23 예수께서 둘러보시고 제자들에게 이르시되 재물이 있는
    자는 하나님의 나라에 들어가기가 심히 어렵도다 하시니

24 제자들이 그 말씀에 놀라는지라 예수께서 다시 대답하여
    이르시되 얘들아 하나님의 나라에 들어가기가 얼마나 어
    려운지

25 낙타가 바늘귀로 나가는 것이 부자가 하나님의 나라에
    들어가는 것보다 쉬우니라 하시니

26 제자들이 매우 놀라 서로 말하되 그런즉 누가 구원을 얻
    을 수 있는가 하니

27 예수께서 그들을 보시며 이르시되 사람으로는 할 수 없으되 하나님으로는 그렇지 아니하니 하나님으로서는 다 하실 수 있느니라

28 베드로가 여짜와 이르되 보소서 우리가 모든 것을 버리고 주를 따랐나이다

29 예수께서 이르시되 내가 진실로 너희에게 이르노니 나와 복음을 위하여 집이나 형제나 자매나 어머니나 아버지나 자식이나 전토를 버린 자는

30 현세에 있어 집과 형제와 자매와 어머니와 자식과 전토를 백 배나 받되 박해를 겸하여 받고 내세에 영생을 받지 못할 자가 없느니라

31 그러나 먼저 된 자로서 나중 되고 나중 된 자로서 먼저 될 자가 많으니라

-마가복음 10장 21~31절

간절한 믿음이 필요할 때

1 믿음은 바라는 것들의 실상이요 보이지 않는 것들의 증 거니

2 선진들이 이로써 증거를 얻었느니라

3 믿음으로 모든 세계가 하나님의 말씀으로 지어진 줄을 우리가 아나니 보이는 것은 나타난 것으로 말미암아 된 것이 아니니라

4 믿음으로 아벨은 가인보다 더 나은 제사를 하나님께 드 림으로 의로운 자라 하시는 증거를 얻었으니 하나님이 그 예물에 대하여 증언하심이라 그가 죽었으나 그 믿음 으로써 지금도 말하느니라

5 믿음으로 에녹은 죽음을 보지 않고 옮겨졌으니 하나님이 그를 옮기심으로 다시 보이지 아니하였느니라 그는 옮겨 지기 전에 하나님을 기쁘시게 하는 자라 하는 증거를 받 았느니라

6 믿음이 없이는 하나님을 기쁘시게 하지 못하나니 하나님 께 나아가는 자는 반드시 그가 계신 것과 또한 그가 자기

를 찾는 자들에게 상 주시는 이심을 믿어야 할지니라

7 믿음으로 노아는 아직 보이지 않는 일에 경고하심을 받아 경외함으로 방주를 준비하여 그 집을 구원하였으니 이로 말미암아 세상을 정죄하고 믿음을 따르는 의의 상속자가 되었느니라

8 믿음으로 아브라함은 부르심을 받았을 때에 순종하여 장래의 유업으로 받을 땅에 나아갈새 갈 바를 알지 못하고 나아갔으며

9 믿음으로 그가 이방의 땅에 있는 것 같이 약속의 땅에 거류하여 동일한 약속을 유업으로 함께 받은 이삭 및 야곱과 더불어 장막에 거하였으니

10 이는 그가 하나님이 계획하시고 지으실 터가 있는 성을 바랐음이라

-히브리서 11장 1~10절

기쁨으로 주님께
찬양하고 싶을 때

🕊

1 온 땅이여 여호와께 즐거운 찬송을 부를지어다
2 기쁨으로 여호와를 섬기며 노래하면서 그의 앞에 나아갈
   지어다
3 여호와가 우리 하나님이신 줄 너희는 알지어다 그는 우
   리를 지으신 이요 우리는 그의 것이니 그의 백성이요 그
   의 기르시는 양이로다
4 감사함으로 그의 문에 들어가며 찬송함으로 그의 궁정에
   들어가서 그에게 감사하며 그의 이름을 송축할지어다
5 여호와는 선하시니 그의 인자하심이 영원하고 그의 성실
   하심이 대대에 이르리로다

   -시편 100편 1~5절

하나님께서 주시는
복을 받길 원할 때

1 하나님은 우리에게 은혜를 베푸사 복을 주시고 그의 얼굴 빛을 우리에게 비추사 (셀라)
2 주의 도를 땅 위에, 주의 구원을 모든 나라에게 알리소서
3 하나님이여 민족들이 주를 찬송하게 하시며 모든 민족들이 주를 찬송하게 하소서
4 온 백성은 기쁘고 즐겁게 노래할지니 주는 민족들을 공평히 심판하시며 땅 위의 나라들을 다스리실 것임이니이다 (셀라)
5 하나님이여 민족들이 주를 찬송하게 하시며 모든 민족으로 주를 찬송하게 하소서
6 땅이 그의 소산을 내어 주었으니 하나님 곧 우리 하나님이 우리에게 복을 주시리로다
7 하나님이 우리에게 복을 주시리니 땅의 모든 끝이 하나님을 경외하리로다

-시편 67편 1~7절

고통과 방황으로
믿음이 나약해질 때

1 너희는 마음에 근심하지 말라 하나님을 믿으니 또 나를 믿으라

2 내 아버지 집에 거할 곳이 많도다 그렇지 않으면 너희에 게 일렀으리라 내가 너희를 위하여 거처를 예비하러 가 노니

3 가서 너희를 위하여 거처를 예비하면 내가 다시 와서 너 희를 내게로 영접하여 나 있는 곳에 너희도 있게 하리라

4 내가 어디로 가는지 그 길을 너희가 아느니라

5 도마가 이르되 주여 주께서 어디로 가시는지 우리가 알 지 못하거늘 그 길을 어찌 알겠사옵나이까

6 예수께서 이르시되 내가 곧 길이요 진리요 생명이니 나 로 말미암지 않고는 아버지께로 올 자가 없느니라

7 너희가 나를 알았더라면 내 아버지도 알았으리로다 이제 부터는 너희가 그를 알았고 또 보았느니라

8 빌립이 이르되 주여 아버지를 우리에게 보여 주옵소서 그리하면 족하겠나이다

9 예수께서 이르시되 빌립아 내가 이렇게 오래 너희와 함께 있으되 네가 나를 알지 못하느냐 나를 본 자는 아버지를 보았거늘 어찌하여 아버지를 보이라 하느냐

10 내가 아버지 안에 거하고 아버지는 내 안에 계신 것을 네가 믿지 아니하느냐 내가 너희에게 이르는 말은 스스로 하는 것이 아니라 아버지께서 내 안에 계셔서 그의 일을 하시는 것이라

11 내가 아버지 안에 거하고 아버지께서 내 안에 계심을 믿으라 그렇지 못하겠거든 행하는 그 일로 말미암아 나를 믿으라

12 내가 진실로 진실로 너희에게 이르노니 나를 믿는 자는 내가 하는 일을 그도 할 것이요 또한 그보다 큰 일도 하리니 이는 내가 아버지께로 감이라

13 너희가 내 이름으로 무엇을 구하든지 내가 행하리니 이는 아버지로 하여금 아들로 말미암아 영광을 받으시게 하려 함이라

14 내 이름으로 무엇이든지 내게 구하면 내가 행하리라

15 너희가 나를 사랑하면 나의 계명을 지키리라

-요한복음 14장 1~15절

오직 주님만을
의지하고 싶을 때

1 여호와는 나의 빛이요 나의 구원이시니 내가 누구를 두
   려워하리요 여호와는 내 생명의 능력이시니 내가 누구를
   무서워하리요
2 악인들이 내 살을 먹으려고 내게로 왔으나 나의 대적들,
   나의 원수들인 그들은 실족하여 넘어졌도다
3 군대가 나를 대적하여 진 칠지라도 내 마음이 두렵지 아
   니하며 전쟁이 일어나 나를 치려 할지라도 나는 여전히
   태연하리로다
4 내가 여호와께 바라는 한 가지 일 그것을 구하리니 곧 내
   가 내 평생에 여호와의 집에 살면서 여호와의 아름다움
   을 바라보며 그의 성전에서 사모하는 그것이라
5 여호와께서 환난 날에 나를 그의 초막 속에 비밀히 지키
   시고 그의 장막 은밀한 곳에 나를 숨기시며 높은 바위 위
   에 두시리로다

6 이제 내 머리가 나를 둘러싼 내 원수 위에 들리리니 내가 그의 장막에서 즐거운 제사를 드리겠고 노래하며 여호와를 찬송하리로다

7 여호와여 내가 소리 내어 부르짖을 때에 들으시고 또한 나를 긍휼히 여기사 응답하소서

8 너희는 내 얼굴을 찾으라 하실 때에 내가 마음으로 주께 말하되 여호와여 내가 주의 얼굴을 찾으리이다 하였나이다

9 주의 얼굴을 내게서 숨기지 마시고 주의 종을 노하여 버리지 마소서 주는 나의 도움이 되셨나이다 나의 구원의 하나님이시여 나를 버리지 마시고 떠나지 마소서

10 내 부모는 나를 버렸으나 여호와는 나를 영접하시리이다

-시편 27편 1~10절

때로는 하나님이
멀게만 느껴질 때

1 여호와여 주께서 나를 살펴 보셨으므로 나를 아시나이다

2 주께서 내가 앉고 일어섬을 아시고 멀리서도 나의 생각을 밝히 아시오며

3 나의 모든 길과 내가 눕는 것을 살펴 보셨으므로 나의 모든 행위를 익히 아시오니

4 여호와여 내 혀의 말을 알지 못하시는 것이 하나도 없으시니이다

5 주께서 나의 앞뒤를 둘러싸시고 내게 안수하셨나이다

6 이 지식이 내게 너무 기이하니 높아서 내가 능히 미치지 못하나이다

7 내가 주의 영을 떠나 어디로 가며 주의 앞에서 어디로 피하리이까

8 내가 하늘에 올라갈지라도 거기 계시며 스올에 내 자리를 펼지라도 거기 계시니이다

9 내가 새벽 날개를 치며 바다 끝에 가서 거주할지라도

10 거기서도 주의 손이 나를 인도하시며 주의 오른손이 나를 붙드시리이다

11 내가 혹시 말하기를 흑암이 반드시 나를 덮고 나를 두른 빛은 밤이 되리라 할지라도

12 주에게서는 흑암이 숨기지 못하며 밤이 낮과 같이 비추이나니 주에게는 흑암과 빛이 같음이니이다

13 주께서 내 내장을 지으시며 나의 모태에서 나를 만드셨나이다

14 내가 주께 감사하옴은 나를 지으심이 심히 기묘하심이라 주께서 하시는 일이 기이함을 내 영혼이 잘 아나이다

15 내가 은밀한 데서 지음을 받고 땅의 깊은 곳에서 기이하게 지음을 받은 때에 나의 형체가 주의 앞에 숨겨지지 못하였나이다

16 내 형질이 이루어지기 전에 주의 눈이 보셨으며 나를 위하여 정한 날이 하루도 되기 전에 주의 책에 다 기록이 되었나이다

17 하나님이여 주의 생각이 내게 어찌 그리 보배로우신지요 그 수가 어찌 그리 많은지요

18 내가 세려고 할지라도 그 수가 모래보다 많도소이다 내가 깰 때에도 여전히 주와 함께 있나이다

19 하나님이여 주께서 반드시 악인을 죽이시리이다 피 흘리기를 즐기는 자들아 나를 떠날지어다

20 그들이 주를 대하여 악하게 말하며 주의 원수들이 주의 이름으로 헛되이 맹세하나이다

21 여호와여 내가 주를 미워하는 자들을 미워하지 아니하오
며 주를 치러 일어나는 자들을 미워하지 아니하나이까

22 내가 그들을 심히 미워하니 그들은 나의 원수들이니이다

23 하나님이여 나를 살피사 내 마음을 아시며 나를 시험하
사 내 뜻을 아옵소서

24 내게 무슨 악한 행위가 있나 보시고 나를 영원한 길로 인
도하소서

-시편 139편 1~24절

17일

많은 전도의 열매를
맺고 싶을 때

1 나는 참포도나무요 내 아버지는 농부라

2 무릇 내게 붙어 있어 열매를 맺지 아니하는 가지는 아버지께서 그것을 제거해 버리시고 무릇 열매를 맺는 가지는 더 열매를 맺게 하려 하여 그것을 깨끗하게 하시느니라

3 너희는 내가 일러준 말로 이미 깨끗하여졌으니

4 내 안에 거하라 나도 너희 안에 거하리라 가지가 포도나무에 붙어 있지 아니하면 스스로 열매를 맺을 수 없음 같이 너희도 내 안에 있지 아니하면 그러하리라

5 나는 포도나무요 너희는 가지라 그가 내 안에, 내가 그 안에 거하면 사람이 열매를 많이 맺나니 나를 떠나서는 너희가 아무 것도 할 수 없음이라

6 사람이 내 안에 거하지 아니하면 가지처럼 밖에 버려져 마르나니 사람들이 그것을 모아다가 불에 던져 사르느니라

7 너희가 내 안에 거하고 내 말이 너희 안에 거하면 무엇이든지 원하는 대로 구하라 그리하면 이루리라

8 너희가 열매를 많이 맺으면 내 아버지께서 영광을 받으실 것이요 너희는 내 제자가 되리라

9 아버지께서 나를 사랑하신 것 같이 나도 너희를 사랑하였으니 나의 사랑 안에 거하라

10 내가 아버지의 계명을 지켜 그의 사랑 안에 거하는 것 같이 너희도 내 계명을 지키면 내 사랑 안에 거하리라

-요한복음 15장 1~10절

빈곤함으로 인내가 필요할 때

1 들으라 부한 자들아 너희에게 임할 고생으로 말미암아
  울고 통곡하라
2 너희 재물은 썩었고 너희 옷은 좀먹었으며
3 너희 금과 은은 녹이 슬었으니 이 녹이 너희에게 증거가
  되며 불 같이 너희 살을 먹으리라 너희가 말세에 재물을
  쌓았도다
4 보라 너희 밭에서 추수한 품꾼에게 주지 아니한 삯이 소
  리 지르며 그 추수한 자의 우는 소리가 만군의 주의 귀에
  들렸느니라
5 너희가 땅에서 사치하고 방종하여 살륙의 날에 너희 마
  음을 살찌게 하였도다
6 너희는 의인을 정죄하고 죽였으나 그는 너희에게 대항하
  지 아니하였느니라
7 그러므로 형제들아 주께서 강림하시기까지 길이 참으라
  보라 농부가 땅에서 나는 귀한 열매를 바라고 길이 참아
  이른 비와 늦은 비를 기다리나니

8 너희도 길이 참고 마음을 굳건하게 하라 주의 강림이 가
   까우니라
9 형제들아 서로 원망하지 말라 그리하여야 심판을 면하리
   라 보라 심판주가 문 밖에 서 계시니라
10 형제들아 주의 이름으로 말한 선지자들을 고난과 오래
   참음의 본으로 삼으라
11 보라 인내하는 자를 우리가 복되다 하나니 너희가 욥의
   인내를 들었고 주께서 주신 결말을 보았거니와 주는 가
   장 자비하시고 긍휼히 여기시는 이시니라
   -야고보서 5장 1~11절

간절하게 구하려고 할 때

7 구하라 그리하면 너희에게 주실 것이요 찾으라 그리하면
   찾아낼 것이요 문을 두드리라 그리하면 너희에게 열릴
   것이니

8 구하는 이마다 받을 것이요 찾는 이는 찾아낼 것이요 두
   드리는 이에게는 열릴 것이니라

9 너희 중에 누가 아들이 떡을 달라 하는데 돌을 주며

10 생선을 달라 하는데 뱀을 줄 사람이 있겠느냐

11 너희가 악한 자라도 좋은 것으로 자식에게 줄 줄 알거든
    하물며 하늘에 계신 너희 아버지께서 구하는 자에게 좋
    은 것으로 주시지 않겠느냐

12 그러므로 무엇이든지 남에게 대접을 받고자 하는 대로
    너희도 남을 대접하라 이것이 율법이요 선지자니라

-마태복음 7장 7~12절

낮은 자세로
겸손함이 필요할 때

1 하늘이 하나님의 영광을 선포하고 궁창이 그의 손으로
   하신 일을 나타내는도다
2 날은 날에게 말하고 밤은 밤에게 지식을 전하니
3 언어도 없고 말씀도 없으며 들리는 소리도 없으나
4 그의 소리가 온 땅에 통하고 그의 말씀이 세상 끝까지 이
   르도다 하나님이 해를 위하여 하늘에 장막을 베푸셨도다
5 해는 그의 신방에서 나오는 신랑과 같고 그의 길을 달리
   기 기뻐하는 장사 같아서
6 하늘 이 끝에서 나와서 하늘 저 끝까지 운행함이여 그의
   열기에서 피할 자가 없도다
7 여호와의 율법은 완전하여 영혼을 소성시키며 여호와의
   증거는 확실하여 우둔한 자를 지혜롭게 하며
8 여호와의 교훈은 정직하여 마음을 기쁘게 하고 여호와의
   계명은 순결하여 눈을 밝게 하시도다

9 여호와를 경외하는 도는 정결하여 영원까지 이르고 여호
  와의 법도 진실하여 다 의로우니

10 금 곧 많은 순금보다 더 사모할 것이며 꿀과 송이꿀보다
  더 달도다

11 또 주의 종이 이것으로 경고를 받고 이것을 지킴으로 상
  이 크니이다

12 자기 허물을 능히 깨달을 자 누구리요 나를 숨은 허물에
  서 벗어나게 하소서

13 또 주의 종에게 고의로 죄를 짓지 말게 하사 그 죄가 나
  를 주장하지 못하게 하소서 그리하면 내가 정직하여 큰
  죄과에서 벗어나겠나이다

14 나의 반석이시요 나의 구속자이신 여호와여 내 입의 말
  과 마음의 묵상이 주님 앞에 열납되기를 원하나이다

  -시편 19편 1~14절

자신이 하는 일에
낙심이 될 때

1 여호와께서 시온의 포로를 돌려보내실 때에 우리는 꿈꾸
　는 것 같았도다
2 그 때에 우리 입에는 웃음이 가득하고 우리 혀에는 찬양
　이 찼었도다 그 때에 뭇 나라 가운데에서 말하기를 여호
　와께서 그들을 위하여 큰 일을 행하셨다 하였도다
3 여호와께서 우리를 위하여 큰 일을 행하셨으니 우리는
　기쁘도다
4 여호와여 우리의 포로를 남방 시내들 같이 돌려 보내소서
5 눈물을 흘리며 씨를 뿌리는 자는 기쁨으로 거두리로다
6 울며 씨를 뿌리러 나가는 자는 반드시 기쁨으로 그 곡식
　단을 가지고 돌아오리로다
　-시편 126편 1~6절

하나님의 자녀로
동행하기를 소망할 때

1 오호라 너희 모든 목마른 자들아 물로 나아오라 돈 없는
자도 오라 너희는 와서 사 먹되 돈 없이, 값 없이 와서 포
도주와 젖을 사라

2 너희가 어찌하여 양식이 아닌 것을 위하여 은을 달아 주
며 배부르게 하지 못할 것을 위하여 수고하느냐 내게 듣
고 들을지어다 그리하면 너희가 좋은 것을 먹을 것이며
너희 자신들이 기름진 것으로 즐거움을 얻으리라

3 너희는 귀를 기울이고 내게로 나아와 들으라 그리하면
너희의 영혼이 살리라 내가 너희를 위하여 영원한 언약
을 맺으리니 곧 다윗에게 허락한 확실한 은혜이니라

4 보라 내가 그를 만민에게 증인으로 세웠고 만민의 인도
자와 명령자로 삼았나니

5 보라 네가 알지 못하는 나라를 네가 부를 것이며 너를 알
지 못하는 나라가 네게로 달려올 것은 여호와 네 하나님
곧 이스라엘의 거룩하신 이로 말미암음이니라 이는 그가

너를 영화롭게 하였느니라

6 너희는 여호와를 만날 만한 때에 찾으라 가까이 계실 때에 그를 부르라

7 악인은 그의 길을, 불의한 자는 그의 생각을 버리고 여호와께로 돌아오라 그리하면 그가 긍휼히 여기시리라 우리 하나님께로 돌아오라 그가 너그럽게 용서하시리라

8 이는 내 생각이 너희의 생각과 다르며 내 길은 너희의 길과 다름이니라 여호와의 말씀이니라

9 이는 하늘이 땅보다 높음 같이 내 길은 너희의 길보다 높으며 내 생각은 너희의 생각보다 높음이니라

-이사야 55장 1~9절

온갖 미움과 증오심이
가득 생기려고 할 때

9 사랑에는 거짓이 없나니 악을 미워하고 선에 속하라

10 형제를 사랑하여 서로 우애하고 존경하기를 서로 먼저
하며

11 부지런하여 게으르지 말고 열심을 품고 주를 섬기라

12 소망 중에 즐거워하며 환난 중에 참으며 기도에 항상 힘
쓰며

13 성도들의 쓸 것을 공급하며 손 대접하기를 힘쓰라

14 너희를 박해하는 자를 축복하라 축복하고 저주하지 말라

15 즐거워하는 자들과 함께 즐거워하고 우는 자들과 함께
울라

16 서로 마음을 같이하며 높은 데 마음을 두지 말고 도리어
낮은 데 처하며 스스로 지혜 있는 체 하지 말라

17 아무에게도 악을 악으로 갚지 말고 모든 사람 앞에서 선
한 일을 도모하라

18 할 수 있거든 너희로서는 모든 사람과 더불어 화목하라

19 내 사랑하는 자들아 너희가 친히 원수를 갚지 말고 하나
  님의 진노하심에 맡기라 기록되었으되 원수 갚는 것이
  내게 있으니 내가 갚으리라고 주께서 말씀하시니라

20 네 원수가 주리거든 먹이고 목마르거든 마시게 하라 그
  리함으로 네가 숯불을 그 머리에 쌓아 놓으리라

21 악에게 지지 말고 선으로 악을 이기라

  -로마서 12장 9~21절

24일

어디서나 꼭 필요한
빛과 소금이 되려고 할 때

13 너희는 세상의 소금이니 소금이 만일 그 맛을 잃으면 무엇으로 짜게 하리요 후에는 아무 쓸 데 없어 다만 밖에 버려져 사람에게 밟힐 뿐이니라

14 너희는 세상의 빛이라 산 위에 있는 동네가 숨겨지지 못할 것이요

15 사람이 등불을 켜서 말 아래에 두지 아니하고 등경 위에 두나니 이러므로 집 안 모든 사람에게 비치느니라

16 이같이 너희 빛이 사람 앞에 비치게 하여 그들로 너희 착한 행실을 보고 하늘에 계신 너희 아버지께 영광을 돌리게 하라

17 내가 율법이나 선지자를 폐하러 온 줄로 생각하지 말라 폐하러 온 것이 아니요 완전하게 하려 함이라

18 진실로 너희에게 이르노니 천지가 없어지기 전에는 율법의 일점 일획도 결코 없어지지 아니하고 다 이루리라

19 그러므로 누구든지 이 계명 중의 지극히 작은 것 하나라

도 버리고 또 그같이 사람을 가르치는 자는 천국에서 지
극히 작다 일컬음을 받을 것이요 누구든지 이를 행하며
가르치는 자는 천국에서 크다 일컬음을 받으리라
-마태복음 5장 13~19절

악한 자를
만나게 될 때

39 나는 너희에게 이르노니 악한 자를 대적하지 말라 누구
   든지 네 오른편 뺨을 치거든 왼편도 돌려 대며

40 또 너를 고발하여 속옷을 가지고자 하는 자에게 겉옷까
   지도 가지게 하며

41 또 누구든지 너로 억지로 오 리를 가게 하거든 그 사람과
   십 리를 동행하고

42 네게 구하는 자에게 주며 네게 꾸고자 하는 자에게 거절
   하지 말라

43 또 네 이웃을 사랑하고 네 원수를 미워하라 하였다는 것
   을 너희가 들었으나

44 나는 너희에게 이르노니 너희 원수를 사랑하며 너희를
   박해하는 자를 위하여 기도하라

45 이같이 한즉 하늘에 계신 너희 아버지의 아들이 되리니
   이는 하나님이 그 해를 악인과 선인에게 비추시며 비를
   의로운 자와 불의한 자에게 내려주심이라

46 너희가 너희를 사랑하는 자를 사랑하면 무슨 상이 있으리요 세리도 이같이 아니하느냐

47 또 너희가 너희 형제에게만 문안하면 남보다 더하는 것이 무엇이냐 이방인들도 이같이 아니하느냐

48 그러므로 하늘에 계신 너희 아버지의 온전하심과 같이 너희도 온전하라

-마태복음 5장 39~48절

남에게 선행을
자랑하려고 할 때

1 사람에게 보이려고 그들 앞에서 너희 의를 행하지 않도록 주의하라 그리하지 아니하면 하늘에 계신 너희 아버지께 상을 받지 못하느니라

2 그러므로 구제할 때에 외식하는 자가 사람에게서 영광을 받으려고 회당과 거리에서 하는 것 같이 너희 앞에 나팔을 불지 말라 진실로 너희에게 이르노니 그들은 자기 상을 이미 받았느니라

3 너는 구제할 때에 오른손이 하는 것을 왼손이 모르게 하여

4 네 구제함을 은밀하게 하라 은밀한 중에 보시는 너의 아버지께서 갚으시리라

5 또 너희는 기도할 때에 외식하는 자와 같이 하지 말라 그들은 사람에게 보이려고 회당과 큰 거리 어귀에 서서 기도하기를 좋아하느니라 내가 진실로 너희에게 이르노니 그들은 자기 상을 이미 받았느니라

6 너는 기도할 때에 네 골방에 들어가 문을 닫고 은밀한 중

에 계신 네 아버지께 기도하라 은밀한 중에 보시는 네 아
버지께서 갚으시리라

7 또 기도할 때에 이방인과 같이 중언부언하지 말라 그들
은 말을 많이 하여야 들으실 줄 생각하느니라

8 그러므로 그들을 본받지 말라 구하기 전에 너희에게 있
어야 할 것을 하나님 너희 아버지께서 아시느니라

-마태복음 6장 1~8절

상대방을 험담하고
비판하려고 할 때

1 비판을 받지 아니하려거든 비판하지 말라
2 너희가 비판하는 그 비판으로 너희가 비판을 받을 것이
   요 너희가 헤아리는 그 헤아림으로 너희가 헤아림을 받
   을 것이니라
3 어찌하여 형제의 눈 속에 있는 티는 보고 네 눈 속에 있
   는 들보는 깨닫지 못하느냐
4 보라 네 눈 속에 들보가 있는데 어찌하여 형제에게 말하
   기를 나로 네 눈 속에 있는 티를 빼게 하라 하겠느냐
5 외식하는 자여 먼저 네 눈 속에서 들보를 빼어라 그 후에
   야 밝히 보고 형제의 눈 속에서 티를 빼리라
   -마태복음 7장 1~5절

천국에 들어갈 확신이 없을 때

15 거짓 선지자들을 삼가라 양의 옷을 입고 너희에게 나아
    오나 속에는 노략질하는 이리라
16 그들의 열매로 그들을 알지니 가시나무에서 포도를, 또
    는 엉겅퀴에서 무화과를 따겠느냐
17 이와 같이 좋은 나무마다 아름다운 열매를 맺고 못된 나
    무가 나쁜 열매를 맺나니
18 좋은 나무가 나쁜 열매를 맺을 수 없고 못된 나무가 아름
    다운 열매를 맺을 수 없느니라
19 아름다운 열매를 맺지 아니하는 나무마다 찍혀 불에 던
    져지느니라
20 이러므로 그들의 열매로 그들을 알리라
21 나더러 주여 주여 하는 자마다 다 천국에 들어갈 것이 아
    니요 다만 하늘에 계신 내 아버지의 뜻대로 행하는 자라
    야 들어가리라

-마태복음 7장 15~21절

선하고 은혜로운 복을 원할 때

팔복

3 심령이 가난한 자는 복이 있나니
  천국이 그들의 것임이요

4 애통하는 자는 복이 있나니
  그들이 위로를 받을 것임이요

5 온유한 자는 복이 있나니
  그들이 땅을 기업으로 받을 것임이요

6 의에 주리고 목마른 자는 복이 있나니
  그들이 배부를 것임이요

7 긍휼히 여기는 자는 복이 있나니
   그들이 긍휼히 여김을 받을 것임이요

8 마음이 청결한 자는 복이 있나니
   그들이 하나님을 볼 것임이요

9 화평하게 하는 자는 복이 있나니
   그들이 하나님의 아들이라 일컬음을 받을 것임이요

10 의를 위하여 박해를 받은 자는 복이 있나니
   천국이 그들의 것임이라
   -마태복음 5장 3~10절

복 있는 사람이 되고자 할 때

1 복 있는 사람은 악인들의 꾀를 따르지 아니하며 죄인들
의 길에 서지 아니하며 오만한 자들의 자리에 앉지 아니
하고
2 오직 여호와의 율법을 즐거워하여 그의 율법을 주야로
묵상하는도다
3 그는 시냇가에 심은 나무가 철을 따라 열매를 맺으며 그
잎사귀가 마르지 아니함 같으니 그가 하는 모든 일이 다
형통하리로다
4 악인들은 그렇지 아니함이여 오직 바람에 나는 겨와 같
도다
5 그러므로 악인들은 심판을 견디지 못하며 죄인들이 의인
들의 모임에 들지 못하리로다
6 무릇 의인들의 길은 여호와께서 인정하시나 악인들의 길
은 망하리로다

-시편 1편 1~6절

굳센 믿음으로
최후의 승리를 확신할 때

🕊

33 그들은 믿음으로 나라들을 이기기도 하며 의를 행하기도
하며 약속을 받기도 하며 사자들의 입을 막기도 하며

34 불의 세력을 멸하기도 하며 칼날을 피하기도 하며 연약
한 가운데서 강하게 되기도 하며 전쟁에 용감하게 되어
이방 사람들의 진을 물리치기도 하며

35 여자들은 자기의 죽은 자들을 부활로 받아들이기도 하며
또 어떤 이들은 더 좋은 부활을 얻고자 하여 심한 고문을
받되 구차히 풀려나기를 원하지 아니하였으며

36 또 어떤 이들은 조롱과 채찍질뿐 아니라 결박과 옥에 간
히는 시련도 받았으며

37 돌로 치는 것과 톱으로 켜는 것과 시험과 칼로 죽임을 당
하고 양과 염소의 가죽을 입고 유리하여 궁핍과 환난과
학대를 받았으니

38 (이런 사람은 세상이 감당하지 못하느니라) 그들이 광야
와 산과 동굴과 토굴에 유리하였느니라

39 이 사람들은 다 믿음으로 말미암아 증거를 받았으나 약
    속된 것을 받지 못하였으니
40 이는 하나님이 우리를 위하여 더 좋은 것을 예비하셨은
    즉 우리가 아니면 그들로 온전함을 이루지 못하게 하려
    하심이라

-히브리서 11장 33~40절

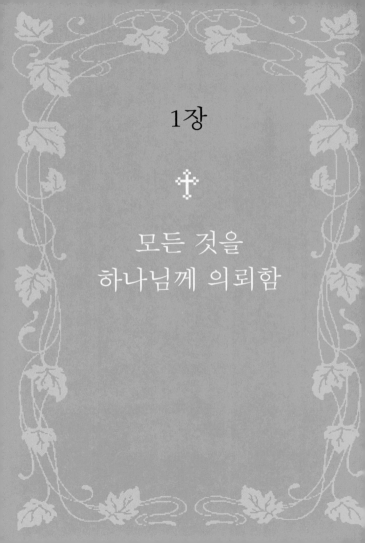

1장

✝

모든 것을
하나님께 의뢰함

1
:
:

성경
Bible

평생에 자기 옆에 두고 읽어
그의 하나님 여호와 경외하기를 배우며
이 율법의 모든 말과 이 규례를 지켜
행할 것이라

-신명기 17장 19절

I t is to be with him, and he is to read it all the days
of his life so that he may learn to revere the LORD
his God and follow carefully all the words of this law
and these decrees

너희는 여호와의 책에서 찾아 읽어보라
이것들 가운데서 빠진 것이 하나도 없고
제 짝이 없는 것이 없으리니
이는 여호와의 입이 이를 명령하셨고
그의 영이 이것들을 모으셨음이라

-이사야 34장 16절

L ook in the scroll of the LORD and read: None of
these will be missing, not one will lack her mate.
For it is his mouth that has given the order, and his
Spirit will gather them together.

청년이 무엇으로 그의 행실을
깨끗하게 하리이까
주의 말씀만 지킬 따름이니이다
내가 전심으로 주를 찾았사오니
주의 계명에서 떠나지 말게 하소서
내가 주께 범죄하지 아니하려 하여
주의 말씀을 내 마음에 두었나이다

-시편 119편 9~11절

How can a young man keep his way pure? By
living according to your word.
I seek you with all my heart; do not let me stray from
your commands.
I have hidden your word in my heart that I might not
sin against you.

예수께서 대답하여 이르시되
기록되었으되 사람이 떡으로만
살 것이 아니요
하나님의 입으로부터 나오는
모든 말씀으로 살 것이라 하였느니라
하시니

-마태복음 4장 4절

$\mathbf{J}$esus answered, "It is written: Man does not live
on bread alone, but on every word that comes
from the mouth of God."

태초에 말씀이 계시니라
이 말씀이 하나님과 함께 계셨으니
이 말씀은 곧 하나님이시니라

-요한복음 1장 1절

n the beginning was the Word, and the Word was
with God, and the Word was God.

너희가 성경에서 영생을 얻는 줄 생각하고
성경을 연구하거니와 이 성경이 곧
내게 대하여 증언하는 것이니라

-요한복음 5장 39절

Y ou diligently study the Scriptures because you
think that by them you possess eternal life.
These are the Scriptures that testify about me.

그러므로 믿음은 들음에서 나며
들음은 그리스도의 말씀으로
말미암았느니라

-로마서 10장 17절

onsequently, faith comes from hearing the
message, and the message is heard through the
word of Christ.

생명의 말씀을 밝혀 나의 달음질이
헛되지 아니하고 수고도 헛되지 아니함으로
그리스도의 날에 내가 자랑할 것이
있게 하려 함이라

-빌립보서 2장 16절

As you hold out the word of life—in order that I
may boast on the day of Christ that I did not run
or labor for nothing.

모든 성경은 하나님의 감동으로 된 것으로
교훈과 책망과 바르게 함과 의로 교육하기에
유익하니 이는 하나님의 사람으로 온전하게 하며
모든 선한 일을 행할 능력을 갖추게 하려 함이라

-디모데후서 3장 16~17절

All Scripture is God-breathed and is useful for
teaching, rebuking, correcting and training
in righteousness, so that the man of God may be
thoroughly equipped for every good work.

0110

먼저 알 것은 성경의 모든 예언은
사사로이 풀 것이 아니니
예언은 언제든지 사람의 뜻으로 낸 것이 아니요
오직 성령의 감동하심을 받은 사람들이
하나님께 받아 말한 것임이라

-베드로후서 1장 20~21절

Above all, you must understand that no prophecy
of Scripture came about by the prophet's own
interpretation.
For prophecy never had its origin in the will of man,
but men spoke from God as they were carried along
by the Holy Spirit.

또 그 모든 편지에도 이런 일에 관하여
말하였으되 그 중에 알기 어려운 것이
더러 있으니 무식한 자들과
굳세지 못한 자들이 다른 성경과 같이
그것도 억지로 풀다가 스스로
멸망에 이르느니라

-베드로후서 3장 16절

He writes the same way in all his letters, speaking
in them of these matters. His letters contain
some things that are hard to understand, which
ignorant and unstable people distort, as they do the
other Scriptures, to their own destruction.

0112

내가 이 두루마리의 예언의 말씀을
듣는 모든 사람에게 증언하노니
만일 누구든지 이것들 외에 더하면
하나님이 이 두루마리에 기록된
재앙들을 그에게 더하실 것이요
만일 누구든지 이 두루마리의 예언의 말씀에서
제하여 버리면 하나님이 이 두루마리에
기록된 생명나무와 및 거룩한 성에
참여함을 제하여 버리시리라

-요한계시록 22장 18~19절

I warn everyone who hears the words of the prophecy of this book: If anyone adds anything to them, God will add to him the plagues described in this book.
And if anyone takes words away from this book of prophecy, God will take away from him his share in the tree of life and in the holy city, which are described in this book.

2.
·
·

하나님

God

태초에 하나님이 천지를 창조하시니라
땅이 혼돈하고 공허하며 흑암이 깊음 위에 있고
하나님의 영은 수면 위에 운행하시니라

-창세기 1장 1~2절

In the beginning God created the heavens and the earth.
Now the earth was formless and empty, darkness was over the surface of the deep, and the Spirit of God was hovering over the waters.

1장 모든 것을 하나님께 의뢰함

그것들에게 절하지 말며 그것들을 섬기지 말라
네 하나님 여호와는 질투하는 하나님인즉 나를
미워하는 자의 죄를 갚되 아버지로부터
아들에게로 삼사 대까지 이르게 하거니와
나를 사랑하고 내 계명을 지키는 자에게는
천 대까지 은혜를 베푸느니라

-출애굽기 20장 5~6절

Y ou shall not bow down to them or worship
them; for I, the LORD your God, am a jealous
God, punishing the children for the sin of the fathers
to the third and fourth generation of those who hate
me, but showing love to a thousand {generations} of
those who love me and keep my commandments.

0115

하나님은 사람이 아니시니 거짓말을 하지
않으시고 인생이 아니시니 후회가 없으시도다
어찌 그 말씀하신 바를 행하지 않으시며
하신 말씀을 실행하지 않으시랴

-민수기 23장 19절

God is not a man, that he should lie, nor a son
of man, that he should change his mind. Does
he speak and then not act? Does he promise and not
fulfill?

이스라엘아 들으라 우리 하나님
여호와는 오직 유일한 여호와이시니
너는 마음을 다하고 뜻을 다하고
힘을 다하여 네 하나님 여호와를 사랑하라

-신명기 6장 4~5절

ear, O Israel: The LORD our God, the LORD is
one.
Love the LORD your God with all your heart and with
all your soul and with all your strength.

내가 네게 명령한 것이 아니냐
강하고 담대하라 두려워하지 말며
놀라지 말라 네가 어디로 가든지
네 하나님 여호와가
너와 함께 하느니라 하시니라

-여호수아 1장 9절

Have I not commanded you? Be strong and courageous. Do not be terrified; do not be discouraged, for the LORD your God will be with you wherever you go.

1장 　 모든 것을 하나님께 의뢰함

주는 계신 곳 하늘에서 들으시고
사하시며 각 사람의 마음을 아시오니
그들의 모든 행위대로 행하사 갚으시옵소서
주만 홀로 사람의 마음을 다 아심이니이다

-열왕기상 8장 39절

hen hear from heaven, your dwelling place.
Forgive and act; deal with each man according to
all he does, since you know his heart (for you alone
know the hearts of all men)

오직 주는 여호와시라
하늘과 하늘들의 하늘과
일월성신과 땅과 땅 위의 만물과 바다와
그 가운데 모든 것을 지으시고
다 보존하시오니 모든 천군이
주께 경배하나이다

-느헤미야 9장 6절

You alone are the LORD. You made the heavens,
even the highest heavens, and all their starry
host, the earth and all that is on it, the seas and all
that is in them. You give life to everything, and the
multitudes of heaven worship you.

네가 하나님의 오묘함을
어찌 능히 측량하며 전능자를
어찌 능히 완전히 알겠느냐
하늘보다 높으시니 네가 무엇을 하겠으며
스올보다 깊으시니 네가 어찌 알겠느냐
그의 크심은 땅보다 길고 바다보다 넓으니라

-욥기 11장 7~9절

Can you fathom the mysteries of God? Can you
probe the limits of the Almighty?
They are higher than the heavens—what can you do?
They are deeper than the depths of the grave —what
can you know?
Their measure is longer than the earth and wider than
the sea.

3
:
:
인생
life

나의 힘이신 여호와여 내가 주를 사랑하나이다
여호와는 나의 반석이시요 나의 요새시요
나를 건지시는 이시요 나의 하나님이시요
내가 그 안에 피할 나의 바위시요
나의 방패시요 나의 구원의 뿔이시요
나의 산성이시로다

-시편 18편 1~2절

I love you, O LORD, my strength.
The LORD is my rock, my fortress and my deliverer; my God is my rock, in whom I take refuge. He is my shield and the horn of my salvation, my stronghold.

여호와는 나의 빛이요
나의 구원이시니
내가 누구를 두려워하리요
여호와는 내 생명의 능력이시니
내가 누구를 무서워하리요

-시편 27편 1절

The LORD is my light and my salvation—whom shall I fear? The LORD is the stronghold of my life—of whom shall I be afraid?

0123

하나님은 우리의 피난처시요 힘이시니
환난 중에 만날 큰 도움이시라
그러므로 땅이 변하든지 산이 흔들려
바다 가운데에 빠지든지
바닷물이 솟아나고 뛰놀든지
그것이 넘침으로 산이 흔들릴지라도
우리는 두려워하지 아니하리로다 (셀라)

-시편 46편 1~3절

God is our refuge and strength, an ever-present help in trouble.
Therefore we will not fear, though the earth give way and the mountains fall into the heart of the sea, though its waters roar and foam and the mountains quake with their surging. Selah

나의 영혼이 잠잠히 하나님만 바람이여
나의 구원이 그에게서 나오는도다
오직 그만이 나의 반석이시요
나의 구원이시요 나의 요새이시니
내가 크게 흔들리지 아니하리로다

-시편 62편 1~2절

My soul finds rest in God alone; my salvation
comes from him.
He alone is my rock and my salvation; he is my
fortress, I will never be shaken.

1장   모든 것을 하나님께 의뢰함

여호와는 긍휼이 많으시고 은혜로우시며
노하기를 더디 하시고 인자하심이 풍부하시도다
자주 경책하지 아니하시며
노를 영원히 품지 아니하시리로다
우리의 죄를 따라 우리를 처벌하지는 아니하시며
우리의 죄악을 따라 우리에게 그대로 갚지는
아니하셨으니 이는 하늘이 땅에서 높음 같이
그를 경외하는 자에게 그의 인자하심 크심이로다

-시편 103편 8~11절

he LORD is compassionate and gracious, slow to
anger, abounding in love.
He will not always accuse, nor will he harbor his
anger forever; he does not treat us as our sins deserve
or repay us according to our iniquities.

0126

여호와는 너를 지키시는 이시라
여호와께서 네 오른쪽에서 네 그늘이 되시나니
낮의 해가 너를 상하게 하지 아니하며
밤의 달도 너를 해치지 아니하리로다
여호와께서 너를 지켜 모든 환난을
면하게 하시며 또 네 영혼을 지키시리로다
여호와께서 너의 출입을 지금부터
영원까지 지키시리로다

-시편 121편 5~8절

The LORD watches over you—the LORD is your
shade at your right hand; the sun will not harm
you by day, nor the moon by night.
The LORD will keep you from all harm—he will
watch over your life; the LORD will watch over your
coming and going both now and forevermore.

여호와께서 집을 세우지 아니하시면
세우는 자의 수고가 헛되며
여호와께서 성을 지키지 아니하시면
파수꾼의 깨어 있음이 헛되도다
너희가 일찍이 일어나고 늦게 누우며
수고의 떡을 먹음이 헛되도다
그러므로 여호와께서 그의 사랑하시는
자에게는 잠을 주시는도다

-시편 127편 1~2절

nless the LORD builds the house, its builders
labor in vain. Unless the LORD watches over the
city, the watchmen stand guard in vain.
In vain you rise early and stay up late, toiling for food
to eat—for he grants sleep to those he loves.

사람이 마음으로 자기의 길을
계획할지라도 그의 걸음을
인도하시는 이는 여호와시니라

-잠언 16장 9절

In his heart a man plans his course, but the LORD
determines his steps.

1장   모든 것을 하나님께 의뢰함

너희는 눈을 높이 들어
누가 이 모든 것을 창조하였나 보라
주께서는 수효대로 만상을 이끌어 내시고
그들의 모든 이름을 부르시나니
그의 권세가 크고 그의 능력이 강하므로
하나도 빠짐이 없느니라

-이사야 40장 26절

Lift your eyes and look to the heavens: Who created all these? He who brings out the starry host one by one, and calls them each by name. Because of his great power and mighty strength, not one of them is missing.

대저 여호와께서 이같이 말씀하시되
하늘을 창조하신 이 그는 하나님이시니
그가 땅을 지으시고 그것을 만드셨으며
그것을 견고하게 하시되 혼돈하게
창조하지 아니하시고 사람이 거주하게
그것을 지으셨으니 나는 여호와라
나 외에 다른 이가 없느니라

-이사야 45장 18절

For this is what the LORD says—he who created the heavens, he is God; he who fashioned and made the earth, he founded it; he did not create it to be empty, but formed it to be inhabited—he says: I am the LORD, and there is no other.

너희는 여호와를 만날 만한 때에 찾으라
가까이 계실 때에 그를 부르라
악인은 그의 길을, 불의한 자는
그의 생각을 버리고 여호와께로 돌아오라
그리하면 그가 긍휼히 여기시리라
우리 하나님께로 돌아오라
그가 너그럽게 용서하시리라
이는 내 생각이 너희의 생각과 다르며
내 길은 너희의 길과 다름이니라
여호와의 말씀이니라 이는 하늘이 땅보다
높음 같이 내 길은 너희의 길보다 높으며
내 생각은 너희의 생각보다 높음이니라

-이사야 55장 6~9절

Seek the LORD while he may be found; call on him while he is near.

Let the wicked forsake his way and the evil man his thoughts. Let him turn to the LORD, and he will have mercy on him, and to our God, for he will freely pardon.

"For my thoughts are not your thoughts, neither are your ways my ways," declares the LORD.

As the heavens are higher than the earth, so are my ways higher than your ways and my thoughts than your thoughts.

0201

나는 아브라함의 하나님이요
이삭의 하나님이요 야곱의 하나님이로라
하신 것을 읽어 보지 못하였느냐
하나님은 죽은 자의 하나님이 아니요
살아 있는 자의 하나님이시니라 하시니

-마태복음 22장 32절

I am the God of Abraham, the God of Isaac, and
the God of Jacob? He is not the God of the dead
but of the living.

말씀이 육신이 되어 우리 가운데 거하시매
우리가 그의 영광을 보니 아버지의 독생자의
영광이요 은혜와 진리가 충만하더라

-요한복음 1장 14절

The Word became flesh and made his dwelling
among us. We have seen his glory, the glory of
the One and Only, who came from the Father, full of
grace and truth.

본래 하나님을 본 사람이 없으되
아버지 품 속에 있는 독생하신
하나님이 나타내셨느니라

-요한복음 1장 18절

No one has ever seen God, but God the One and
Only,who is at the Father's side, has made him
known.

우주와 그 가운데 있는 만물을 지으신
하나님께서는 천지의 주재시니
손으로 지은 전에 계시지 아니하시고
또 무엇이 부족한 것처럼 사람의 손으로
섬김을 받으시는 것이 아니니
이는 만민에게 생명과 호흡과 만물을
친히 주시는 이심이라

-사도행전 17장 24~25절

The God who made the world and everything in it
is the Lord of heaven and earth and does not live
in temples built by hands.
And he is not served by human hands, as if he
needed anything, because he himself gives all men
life and breath and everything else.

깊도다 하나님의 지혜와 지식의 풍성함이여,
그의 판단은 헤아리지 못할 것이며
그의 길은 찾지 못할 것이로다

-로마서 11장 33절

Oh, the depth of the riches of the wisdom and knowledge of God! How unsearchable his judgments, and his paths beyond tracing out!

찬송하리로다 그는 우리 주 예수
그리스도의 하나님이시요 자비의 아버지시요
모든 위로의 하나님이시며
우리의 모든 환난 중에서 우리를 위로하사
우리로 하여금 하나님께 받는 위로로써
모든 환난 중에 있는 자들을 능히 위로하게
하시는 이시로다

-고린도후서 1장 3~4절

Praise be to the God and Father of our Lord Jesus Christ, the Father of compassion and the God of all comfort, who comforts us in all our troubles, so that we can comfort those in any trouble with the comfort we ourselves have received from God.

Lord Jesus Christ, the Father of compassion and the God of all comfort, who comforts us in all our troubles, so that we can comfort those in any trouble with the comfort we ourselves have received from God.

기약이 이르면 하나님이 그의 나타나심을
보이시리니 하나님은 복되시고 유일하신
주권자이시며 만왕의 왕이시며 만주의 주시요
오직 그에게만 죽지 아니함이 있고
가까이 가지 못할 빛에 거하시고
어떤 사람도 보지 못하였고 또 볼 수 없는 이시니
그에게 존귀와 영원한 권능을 돌릴지어다 아멘

-디모데전서 6장 15~16절

hich God will bring about in his own time—
God, the blessed and only Ruler, the King of
kings and Lord of lords, who alone is immortal and
who lives in unapproachable light, whom no one has
seen or can see. To him be honor and might forever.
Amen.

우리가 그에게서 듣고 너희에게 전하는 소식은
이것이니 곧 하나님은 빛이시라
그에게는 어둠이 조금도 없으시다는 것이니라

-요한일서 1장 5절

This is the message we have heard from him and
declare to you: God is light; in him there is no
darkness at all.

자녀들아 너희는 하나님께 속하였고
또 그들을 이기었나니 이는 너희 안에
계신 이가 세상에 있는 자보다 크심이라

-요한일서 4장 4절

You, dear children, are from God and have
overcome them, because the one who is in you
is greater than the one who is in the world.

하나님이 우리를 사랑하시는 사랑을
우리가 알고 믿었노니 하나님은 사랑이시라
사랑 안에 거하는 자는 하나님 안에 거하고
하나님도 그의 안에 거하시느니라

-요한일서 4장 16절

And so we know and rely on the love God has for us. God is love. Whoever lives in love lives in God, and God in him.

그런즉 하나님 앞에서 사람이 어찌 의롭다 하며
여자에게서 난 자가 어찌 깨끗하다 하랴
보라 그의 눈에는 달이라도
빛을 발하지 못하고 별도 빛나지 못하거든
하물며 구더기 같은 사람, 벌레 같은 인생이랴

-욥기 25장 4~6절

How then can a man be righteous before God?
How can one born of woman be pure?
If even the moon is not bright and the stars are not
pure in his eyes, how much less man, who is but a
maggot-a son of man, who is only a worm!

여호와여 나의 종말과 연한이 언제까지인지
알게 하사 내가 나의 연약함을 알게 하소서
주께서 나의 날을 한 뼘 길이만큼 되게 하시매
나의 일생이 주 앞에는 없는 것 같사오니
사람은 그가 든든히 서 있는 때에도 진실로
모두가 허사뿐이니이다 (셀라)

-시편 39편 4~5절

Show me, O LORD, my life's end and the number of
my days; let me know how fleeting is my life.
You have made my days a mere handbreadth; the
span of my years is as nothing before you. Each man's
life is but a breath. Selah

주께서 사람을 티끌로 돌아가게 하시고
말씀하시기를 너희 인생들은
돌아가라 하셨사오니 주의 목전에는
천 년이 지나간 어제 같으며
밤의 한 순간 같을 뿐임이니이다

-시편 90편 3~4절

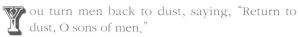

ou turn men back to dust, saying, "Return to
dust, O sons of men."
For a thousand years in your sight are like a day that
has just gone by, or like a watch in the night.

우리의 연수가 칠십이요
강건하면 팔십이라도 그 연수의 자랑은
수고와 슬픔뿐이요 신속히 가니
우리가 날아가나이다

-시편 90편 10절

The length of our days is seventy years—or eighty,
if we have the strength; yet their span is but
trouble and sorrow, for they quickly pass, and we fly
away.

여호와여 사람이 무엇이기에
주께서 그를 알아 주시며
인생이 무엇이기에
그를 생각하시나이까
사람은 헛것 같고 그의 날은
지나가는 그림자 같으니이다

-시편 144편 3~4절

 LORD, what is man that you care for him, the
son of man that you think of him?
Man is like a breath; his days are like a fleeting
shadow.

마땅히 행할 길을 아이에게 가르치라
그리하면 늙어도 그것을 떠나지 아니하리라

-잠언 22장 6절

rain a child in the way he should go, and when
he is old he will not turn from it.

의인의 아비는 크게 즐거울 것이요
지혜로운 자식을 낳은 자는
그로 말미암아 즐거울 것이니라

-잠언 23장 24절

The father of a righteous man has great joy; he
who has a wise son delights in him.

너는 내일 일을 자랑하지 말라
하루 동안에 무슨 일이 일어날는지
네가 알 수 없음이니라

-잠언 27장 1절

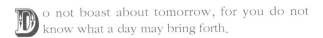

Do not boast about tomorrow, for you do not
know what a day may bring forth.

전도자가 이르되 헛되고 헛되며
헛되고 헛되니 모든 것이 헛되도다
해 아래에서 수고하는 모든 수고가
사람에게 무엇이 유익한가
한 세대는 가고 한 세대는 오되
땅은 영원히 있도다

-전도서 1장 2~4절

Meaningless! Meaningless! says the Teacher.
"Utterly meaningless! Everything is meaningless."
What does man gain from all his labor at which he
toils under the sun?
Generations come and generations go, but the earth
remains forever.

0220

그가 모태에서 벌거벗고 나왔은즉
그가 나온 대로 돌아가고 수고하여
얻은 것을 아무것도 자기 손에 가지고
가지 못하리니 이것도 큰 불행이라
어떻게 왔든지 그대로 가리니
바람을 잡는 수고가 그에게 무엇이 유익하랴

-전도서 5장 15~16절

Naked a man comes from his mother's womb, and as he comes, so he departs. He takes nothing from his labor that he can carry in his hand.
This too is a grievous evil: As a man comes, so he departs, and what does he gain, since he toils for the wind?

남편은 그 아내에 대한 의무를 다하고
아내도 그 남편에게 그렇게 할지라
아내는 자기 몸을 주장하지 못하고
오직 그 남편이 하며 남편도 그와 같이
자기 몸을 주장하지 못하고
오직 그 아내가 하나니

-고린도전서 7장 3~4절

The husband should fulfill his marital duty to his
wife, and likewise the wife to her husband.
The wife's body does not belong to her alone but also
to her husband. In the same way, the husband's body
does not belong to him alone but also to his wife.

0222

또 아비들아 너희 자녀를
노엽게 하지 말고
오직 주의 교훈과 훈계로 양육하라

-에베소서 6장 4절

F athers, do not exasperate your children; instead, bring them up in the training and instruction of the Lord.

오직 너희는 그리스도의 복음에
합당하게 생활하라 이는 내가
너희에게 가 보나 떠나 있으나
너희가 한마음으로 서서 한 뜻으로
복음의 신앙을 위하여 협력하는 것과

-빌립보서 1장 27절

Whatever happens, conduct yourselves in a
manner worthy of the gospel of Christ. Then,
whether I come and see you or only hear about you
in my absence, I will know that you stand firm in
one spirit, contending as one man for the faith of the
gospel.

모든 것을 하나님께 의뢰함

낮은 형제는 자기의 높음을 자랑하고
부한 자는 자기의 낮아짐을 자랑할지니
이는 그가 풀의 꽃과 같이 지나감이라

-야고보서 1장 9~10절

The brother in humble circumstances ought to take pride in his high position.
But the one who is rich should take pride in his low position, because he will pass away like a wild flower.

내일 일을 너희가 알지 못하는도다
너희 생명이 무엇이냐 너희는 잠깐
보이다가 없어지는 안개니라

-야고보서 4장 14절

Why, you do not even know what will happen tomorrow. What is your life? You are a mist that appears for a little while and then vanishes.

4
. . .

의로움
Righteousness

그대가 의로운들 하나님께 무엇을 드리겠으며
그가 그대의 손에서 무엇을 받으시겠느냐
그대의 악은 그대와 같은 사람에게나 있는 것이요
그대의 공의는 어떤 인생에게도 있느니라

-욥기 35장 7~8절

If you are righteous, what do you give to him, or
what does he receive from your hand?
Your wickedness affects only a man like yourself, and
your righteousness only the sons of men.

내게 의의 문들을 열지어다
내가 그리로 들어가서
여호와께 감사하리로다
이는 여호와의 문이라
의인들이 그리로 들어가리로다

-시편 118편 19~20절

Open for me the gates of righteousness; I will enter and give thanks to the LORD.
This is the gate of the LORD through which the righteous may enter.

0228

무릇 우리는 다 부정한 자 같아서
우리의 의는 다 더러운 옷 같으며
우리는 다 잎사귀 같이 시들므로
우리의 죄악이 바람 같이
우리를 몰아가나이다

-이사야 64장 6절

All of us have become like one who is unclean,
and all our righteous acts are like filthy rags; we
all shrivel up like a leaf, and like the wind our sins
sweep us away.

0229

모든 사람이 죄를 범하였으매
하나님의 영광에 이르지 못하더니
그리스도 예수 안에 있는 속량으로
말미암아 하나님의 은혜로 값 없이
의롭다 하심을 얻은 자 되었느니라

-로마서 3장 23~24절

For all have sinned and fall short of the glory of God, and are justified freely by his grace through the redemption that came by Christ Jesus.

0301

예수는 우리가 범죄한 것 때문에
내줌이 되고 또한 우리를 의롭다
하시기 위하여 살아나셨느니라

-로마서 4장 25절

H e was delivered over to death for our sins and
was raised to life for our justification.

그러므로 우리가 믿음으로 의롭다
하심을 받았으니 우리 주 예수
그리스도로 말미암아
하나님과 화평을 누리자

-로마서 5장 1절

Therefore, since we have been justified through
faith, we have peace with God through our Lord
Jesus Christ.

그런즉 한 범죄로 많은 사람이 정죄에
이른 것 같이 한 의로운 행위로 말미암아
많은 사람이 의롭다 하심을 받아
생명에 이르렀느니라 한 사람이 순종하지
아니함으로 많은 사람이 죄인 된 것 같이
한 사람이 순종하심으로 많은 사람이
의인이 되리라

-로마서 5장 18~19절

onsequently, just as the result of one trespass
was condemnation for all men, so also the result
of one act of righteousness was justification that
brings life for all men.
For just as through the disobedience of the one man
the many were made sinners, so also through the
obedience of the one man the many will be made
righteous.

1장 모든 것을 하나님께 의뢰함

0304

하나님의 의를 모르고 자기 의를 세우려고
힘써 하나님의 의에 복종하지 아니하였느니라
그리스도는 모든 믿는 자에게 의를 이루기
위하여 율법의 마침이 되시니라

-로마서 10장 3~4절

ince they did not know the righteousness that
comes from God and sought to establish their
own, they did not submit to God's righteousness.
Christ is the end of the law so that there may be
righteousness for everyone who believes.

너희는 하나님으로부터 나서
그리스도 예수 안에 있고 예수는
하나님으로부터 나와서 우리에게 지혜와
의로움과 거룩함과 구원함이 되셨으니

-고린도전서 1장 30절

I t is because of him that you are in Christ Jesus,
who has become for us wisdom from God—that
is, our righteousness, holiness and redemption.

무릇 율법 행위에 속한 자들은
저주 아래에 있나니 기록된 바
누구든지 율법 책에 기록된 대로
모든 일을 항상 행하지 아니하는 자는
저주 아래에 있는 자라 하였음이라
또 하나님 앞에서 아무도 율법으로
말미암아 의롭게 되지 못할 것이 분명하니
이는 의인은 믿음으로 살리라 하였음이라

-갈라디아서 3장 10~11절

All who rely on observing the law are under a curse, for it is written: "Cursed is everyone who does not continue to do everything written in the Book of the Law."
Clearly no one is justified before God by the law, because, "The righteous will live by faith."

그 안에서 발견되려 함이니
내가 가진 의는 율법에서 난 것이 아니요
오직 그리스도를 믿음으로 말미암은 것이니
곧 믿음으로 하나님께로부터 난 의라

-빌립보서 3장 9절

And be found in him, not having a righteousness
of my own that comes from the law, but that
which is through faith in Christ—the righteousness
that comes from God and is by faith.

5
:
:

영혼
Soul

0.308

여호와 하나님이 땅의 흙으로
사람을 지으시고 생기를 그 코에
불어넣으시니 사람이 생령이 되니라

-창세기 2장 7절

The LORD God formed the man from the dust
of the ground and breathed into his nostrils the
breath of life, and the man became a living being.

내 가죽이 벗김을 당한 뒤에도
내가 육체 밖에서 하나님을 보리라

-욥기 19장 26절

nd after my skin has been destroyed, yet in my flesh I will see God.

사람이 먹고 마시며 수고하는 것보다
그의 마음을 더 기쁘게 하는 것은 없나니
내가 이것도 본즉 하나님의 손에서
나오는 것이로다

-전도서 2장 24절

A man can do nothing better than to eat and drink
and find satisfaction in his work. This too, I
see, is from the hand of God.

하나님이 모든 것을 지으시되
때를 따라 아름답게 하셨고
또 사람들에게는 영원을 사모하는
마음을 주셨느니라 그러나 하나님이
하시는 일의 시종을 사람으로
측량할 수 없게 하셨도다

-전도서 3장 11절

He has made everything beautiful in its time.
He has also set eternity in the hearts of men;
yet they cannot fathom what God has done from
beginning to end.

0.312

다 흙으로 말미암았으므로
다 흙으로 돌아가나니
다 한 곳으로 가거니와
인생들의 혼은 위로 올라가고
짐승의 혼은 아래 곧 땅으로
내려가는 줄을 누가 알랴

-전도서 3장 20~21절

ll go to the same place; all come from dust, and
to dust all return.
Who knows if the spirit of man rises upward and if
the spirit of the animal goes down into the earth?

내가 영원히 다투지 아니하며
내가 끊임없이 노하지 아니할 것은
내가 지은 그의 영과 혼이
내 앞에서 피곤할까 함이라

-이사야 57장 16절

I will not accuse forever, nor will I always be angry, for then the spirit of man would grow faint before me—the breath of man that I have created.

0.314

모든 영혼이 다 내게 속한지라
아버지의 영혼이 내게 속함 같이
그의 아들의 영혼도 내게 속하였나니
범죄하는 그 영혼은 죽으리라

-에스겔 18장 4절

F or every living soul belongs to me, the father as
well as the son—both alike belong to me. The
soul who sins is the one who will die.

몸은 죽여도 영혼은 능히 죽이지
못하는 자들을 두려워하지 말고
오직 몸과 영혼을 능히 지옥에
멸하실 수 있는 이를 두려워하라

-마태복음 10장 28절

Do not be afraid of those who kill the body but cannot kill the soul. Rather, be afraid of the One who can destroy both soul and body in hell.

하나님은 이르시되 어리석은 자여
오늘 밤에 네 영혼을 도로 찾으리니
그러면 네 준비한 것이 누구의 것이
되겠느냐 하셨으니
자기를 위하여 재물을 쌓아 두고
하나님께 대하여 부요하지 못한 자가
이와 같으니라

-누가복음 12장 20~21절

But God said to him, You fool! This very night your life will be demanded from you. Then who will get what you have prepared for yourself?
"This is how it will be with anyone who stores up things for himself but is not rich toward God."

모든 것을 하나님께 의뢰함

그들이 돌로 스데반을 치니
스데반이 부르짖어 이르되
주 예수여 내 영혼을 받으시옵소서 하고
무릎을 꿇고 크게 불러 이르되
주여 이 죄를 그들에게 돌리지 마옵소서
이 말을 하고 자니라

-사도행전 7장 59~60절

While they were stoning him, Stephen prayed,
"Lord Jesus, receive my spirit."
Then he fell on his knees and cried out, "Lord, do not
hold this sin against them." When he had said this, he
fell asleep.

0318

영혼 없는 몸이 죽은 것 같이
행함이 없는 믿음은 죽은 것이니라

-야고보서 2장 26절

s the body without the spirit is dead, so faith
without deeds is dead.

모든 것을 하나님께 의뢰함

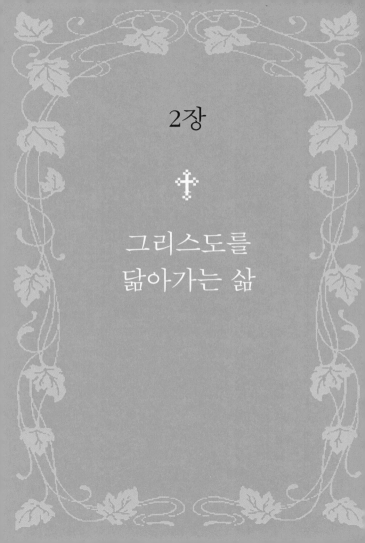

2장

✝

그리스도를
닮아가는 삶

6

성결

Holiness

사람이 무엇이기에 주께서
그를 크게 만드사 그에게 마음을 두시고
아침마다 권징하시며 순간마다 단련하시나이까
주께서 내게서 눈을 돌이키지 아니하시며
내가 침을 삼킬 동안도 나를 놓지 아니하시기를
어느 때까지 하시리이까

-욥기 7장 17~19절

What is man that you make so much of him, that you give him so much attention, that you examine him every morning and test him every moment?
Will you never look away from me, or let me alone even for an instant?

그러나 내가 가는 길을
그가 아시나니
그가 나를 단련하신 후에는
내가 순금 같이 되어 나오리라

-욥기 23장 10절

ut he knows the way that I take; when he has
tested me, I will come forth as gold.

0321

너는 마음을 다하여 여호와를
신뢰하고 네 명철을 의지하지 말라
너는 범사에 그를 인정하라
그리하면 네 길을 지도하시리라

-전도서 5장 2절

Trust in the LORD with all your heart and lean not on your own understanding; in all your ways acknowledge him, and he will make your paths straight.

0322

너희 중에 이와 같은 자들이 있더니
주 예수 그리스도의 이름과 우리 하나님의
성령 안에서 씻음과 거룩함과 의롭다
하심을 받았느니라

-고린도전서 6장 11절

And that is what some of you were. But you were
washed, you were sanctified, you were justified
in the name of the Lord Jesus Christ and by the Spirit
of our God.

0323

사람이 감당할 시험 밖에는 너희가
당한 것이 없나니 오직 하나님은 미쁘사
너희가 감당하지 못할 시험 당함을
허락하지 아니하시고 시험 당할 즈음에
또한 피할 길을 내사 너희로 능히
감당하게 하시느니라

-고린도전서 10장 13절

No temptation has seized you except what is
common to man. And God is faithful; he will not
let you be tempted beyond what you can bear. But
when you are tempted, he will also provide a way out
so that you can stand up under it.

그런즉 사랑하는 자들아
이 약속을 가진 우리는 하나님을
두려워하는 가운데서 거룩함을
온전히 이루어 육과 영의 온갖
더러운 것에서 자신을 깨끗하게 하자

-고린도후서 7장 1절

Since we have these promises, dear friends, let us purify ourselves from everything that contaminates body and spirit, perfecting holiness out of reverence for God.

너는 하나님 앞에서 함부로
입을 열지 말며 급한 마음으로
말을 내지 말라 하나님은 하늘에 계시고
너는 땅에 있음이니라 그런즉 마땅히
말을 적게 할 것이라

-잠언 3장 5~6절

Do not be quick with your mouth, do not be hasty
in your heart to utter anything before God. God
is in heaven and you are on earth, so let your words
be few.

남편들아 아내 사랑하기를 그리스도께서
교회를 사랑하시고 그 교회를 위하여
자신을 주심 같이 하라
이는 곧 물로 씻어 말씀으로 깨끗하게 하사
거룩하게 하시고 자기 앞에 영광스러운
교회로 세우사 티나 주름 잡힌 것이나
이런 것들이 없이 거룩하고 흠이 없게
하려 하심이라

-에베소서 5장 25~27절

Husbands, love your wives, just as Christ loved
the church and gave himself up for her to make
her holy, cleansing her by the washing with water
through the word, and to present her to himself as a
radiant church, without stain or wrinkle or any other
blemish, but holy and blameless.

너희가 서로 거짓말을 하지 말라
옛 사람과 그 행위를 벗어 버리고
새 사람을 입었으니 이는 자기를
창조하신 이의 형상을 따라 지식에까지
새롭게 하심을 입은 자니라

-골로새서 3장 9~10절

Do not lie to each other, since you have taken off
your old self with its practices and have put on
the new self, which is being renewed in knowledge
in the image of its Creator.

평강의 하나님이 친히 너희를
온전히 거룩하게 하시고
또 너희의 온 영과 혼과 몸이
우리 주 예수 그리스도께서
강림하실 때에 흠 없게
보전되기를 원하노라

-데살로니가전서 5장 23절

May God himself, the God of peace, sanctify you
through and through. May your whole spirit,
soul and body be kept blameless at the coming of our
Lord Jesus Christ.

그리스도를 닮아가는 삶

오직 위로부터 난 지혜는 첫째 성결하고
다음에 화평하고 관용하고 양순하며
긍휼과 선한 열매가 가득하고
편벽과 거짓이 없나니
화평케 하는 자들은
화평으로 심어 의의 열매를 거두느니라

-야고보서 3장 17~18절

But the wisdom that comes from heaven is first
of all pure; then peace-loving, considerate,
submissive, full of mercy and good fruit, impartial and
sincere.
Peacemakers who sow in peace raise a harvest of
righteousness.

0330

큰 집에는 금 그릇과 은 그릇뿐 아니라
나무 그릇과 질그릇도 있어 귀하게 쓰는
것도 있고 천하게 쓰는 것도 있나니
그러므로 누구든지 이런 것에서 자기를
깨끗하게 하면 귀히 쓰는 그릇이 되어 거룩하고
주인의 쓰심에 합당하며 모든 선한 일에
준비함이 되리라

-야고보서 3장 17~18절

In a large house there are articles not only of gold
and silver, but also of wood and clay; some are
for noble purposes and some for ignoble.
If a man cleanses himself from the latter, he will be
an instrument for noble purposes, made holy, useful
to the Master and prepared to do any good work.

0331

주께서 그 사랑하시는 자를
징계하시고 그가 받아들이시는
아들마다 채찍질하심이라 하였으니

-히브리서 12장 6절

ecause the Lord disciplines those he loves, and
he punishes everyone he accepts as a son.

7
:
:

기도

Prayer

하나님께서 구하시는 제사는
상한 심령이라 하나님이여
상하고 통회하는 마음을 주께서
멸시하지 아니하시리이다

-시편 51편 17절

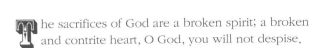

he sacrifices of God are a broken spirit; a broken
and contrite heart, O God, you will not despise.

여호와여 나는 가난하고 궁핍하오니
주의 귀를 기울여 내게 응답하소서
나는 경건하오니 내 영혼을 보존하소서
내 주 하나님이여 주를 의지하는 종을 구원하소서
주여 내게 은혜를 베푸소서
내가 종일 주께 부르짖나이다
주여 내 영혼이 주를 우러러보오니
주여 내 영혼을 기쁘게 하소서
주는 선하사 사죄하기를 즐거워하시며
주께 부르짖는 자에게 인자함이 후하심이니이다
여호와여 나의 기도에 귀를 기울이시고
내가 간구하는 소리를 들으소서

-시편 86편 1~6절

ear, O LORD, and answer me, for I am poor and needy.

Guard my life, for I am devoted to you. You are my God; save your servant who trusts in you.

Have mercy on me, O Lord, for I call to you all day long.

Bring joy to your servant, for to you, O Lord, I lift up my soul.

You are forgiving and good, O Lord, abounding in love to all who call to you.

Hear my prayer, O LORD; listen to my cry for mercy.

0403

여호와께서는 자기에게 간구하는
모든 자 곧 진실하게 간구하는
모든 자에게 가까이 하시는도다

-시편 145편 18절

he LORD is near to all who call on him, to all
who call on him in truth.

내가 두 가지 일을 주께 구하였사오니
내가 죽기 전에 내게 거절하지 마시옵소서
곧 헛된 것과 거짓말을 내게서 멀리 하옵시며
나를 가난하게도 마옵시고 부하게도 마옵시고
오직 필요한 양식으로 나를 먹이시옵소서

-잠언 30장 7~8절

Two things I ask of you, O LORD; do not refuse me before I die: Keep falsehood and lies far from me; give me neither poverty nor riches, but give me only my daily bread.

0405

네가 부를 때에는 나 여호와가 응답하겠고
네가 부르짖을 때에는 내가 여기 있다 하리라
만일 네가 너희 중에서 멍에와 손가락질과
허망한 말을 제하여 버리고

-이사야 58장 9절

hen you will call, and the LORD will answer; you
will cry for help, and he will say: Here am I.

주의 이름을 부르는 자가 없으며
스스로 분발하여 주를 붙잡는 자가
없사오니 이는 주께서 우리에게
얼굴을 숨기시며 우리의 죄악으로
말미암아 우리가 소멸되게 하셨음이니이다

-이사야 64장 7절

No one calls on your name or strives to lay hold of you; for you have hidden your face from us and made us waste away because of our sins.

0407

너희가 내게 부르짖으며
내게 와서 기도하면
내가 너희들의 기도를 들을 것이요
너희가 온 마음으로 나를 구하면
나를 찾을 것이요 나를 만나리라

-예레미야 29장 12~13절

2장 🖋 그리스도를 닮아가는 삶

0408

너는 내게 부르짖으라
내가 네게 응답하겠고
네가 알지 못하는 크고
은밀한 일을 네게 보이리라

-예레미야 33장 3절

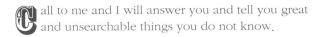

all to me and I will answer you and tell you great
and unsearchable things you do not know.

여호와를 배반하고 따르지 아니한
자들과 여호와를 찾지도 아니하며
구하지도 아니한 자들을 멸절하리라

-스바냐 1장 6절

those who turn back from following the LORD
and neither seek the LORD nor inquire of him.

너는 기도할 때에 네 골방에
들어가 문을 닫고 은밀한 중에 계신
네 아버지께 기도하라
은밀한 중에 보시는
네 아버지께서 갚으시리라

-마태복음 6장 6절

But when you pray, go into your room, close the door and pray to your Father, who is unseen. Then your Father, who sees what is done in secret, will reward you.

0411

그런즉 너희는 먼저 그의 나라와
그의 의를 구하라 그리하면
이 모든 것을 너희에게 더하시리라

-마태복음 6장 33절

But seek first his kingdom and his righteousness,
and all these things will be given to you as well.

진실로 너희에게 이르노니
무엇이든지 너희가 땅에서 매면
하늘에서도 매일 것이요
무엇이든지 땅에서 풀면 하늘에서도 풀리리라
진실로 다시 너희에게 이르노니
너희 중의 두 사람이 땅에서 합심하여
무엇이든지 구하면 하늘에 계신
내 아버지께서 그들을 위하여 이루게 하시리라
두세 사람이 내 이름으로 모인 곳에는
나도 그들 중에 있느니라

-마태복음 18장 18~20절

I tell you the truth, whatever you bind on earth will bebound in heaven, and whatever you loose on earth will be loosed in heaven.

"Again, I tell you that if two of you on earth agree about anything you ask for, it will be done for you by my Father in heaven.

For where two or three come together in my name, there am I with them."

너희가 기도할 때에
무엇이든지 믿고 구하는 것은
다 받으리라 하시니라

-마태복음 21장 22절

If you believe, you will receive whatever you ask
for in prayer.

시험에 들지 않게
깨어 기도하라
마음에는 원이로되
육신이 약하도다 하시고

-마태복음 26장 41절

Watch and pray so that you will not fall into temptation. The spirit is willing, but the body is weak.

새벽 아직도 밝기 전에
예수께서 일어나 나가
한적한 곳으로 가사
거기서 기도하시더니

-마가복음 1장 35절

Very early in the morning, while it was still dark,
Jesus got up, left the house and went off to a
solitary place, where he prayed.

내가 또 너희에게 이르노니
구하라 그러면 너희에게 주실 것이요
찾으라 그러면 찾아낼 것이요
문을 두드리라 그러면 너희에게 열릴 것이니
구하는 이마다 받을 것이요
찾는 이는 찾아낼 것이요
두드리는 이에게는 열릴 것이니라

-누가복음 11장 9~10절

Ask and it will be given to you; seek and you will find; knock and the door will be opened to you. For everyone who asks receives; he who seeks finds; and to him who knocks, the door will be opened.

2장 그리스도를 닮아가는 삶

0417

그 곳에 이르러 그들에게 이르시되
유혹에 빠지지 않게 기도하라 하시고

-누가복음 22장 40절

n reaching the place, he said to them, "Pray that
you will not fall into temptation."

0418

너희가 내 안에 거하고
내 말이 너희 안에 거하면
무엇이든지 원하는 대로 구하라
그리하면 이루리라

-요한복음 15장 7절

If you remain in me and my words remain in you,
ask whatever you wish, and it will be given you.

0419

너희가 나를 택한 것이 아니요
내가 너희를 택하여 세웠나니
이는 너희로 가서 열매를 맺게 하고
또 너희 열매가 항상 있게 하여
내 이름으로 아버지께 무엇을
구하든지 다 받게 하려 함이라

-요한복음 15장 16절

You did not choose me, but I chose you and appointed you to go and bear fruit—fruit that will last. Then the Father will give you whatever you ask in my name.

이와 같이 성령도 우리의 연약함을
도우시나니 우리는 마땅히 기도할
바를 알지 못하나
오직 성령이 말할 수 없는 탄식으로
우리를 위하여 친히 간구하시느니라
마음을 살피시는 이가 성령의 생각을
아시나니 이는 성령이 하나님의 뜻대로
성도를 위하여 간구하심이니라

-로마서 8장 26~27절

In the same way, the Spirit helps us in our
weakness. We do not know what we ought to
pray for, but the Spirit himself intercedes for us with
groans that words cannot express.
And he who searches our hearts knows the mind of
the Spirit, because the Spirit intercedes for the saints
in accordance with God's will.

우리 가운데서 역사하시는 능력대로
우리가 구하거나 생각하는 모든 것에
더 넘치도록 능히 하실 이에게

-에베소서 3장 20절

ow to him who is able to do immeasurably more
than all we ask or imagine, according to his
power that is at work within us.

아무 것도 염려하지 말고
다만 모든 일에 기도와 간구로,
너희 구할 것을 감사함으로
하나님께 아뢰라
그리하면 모든 지각에 뛰어난
하나님의 평강이 그리스도 예수 안에서
너희 마음과 생각을 지키시리라

-빌립보서 4장 4~7절

Do not be anxious about anything, but in everything, by prayer and petition, with thanksgiving, present your requests to God.
And the peace of God, which transcends all understanding, will guard your hearts and your minds in Christ Jesus.

0423

기도를 계속하고 기도에
감사함으로 깨어 있으라
또한 우리를 위하여 기도하되
하나님이 전도할 문을 우리에게
열어 주사 그리스도의 비밀을
말하게 하시기를 구하라
내가 이 일 때문에 매임을
당하였노라

-골로새서 4장 2~3절

Devote yourselves to prayer, being watchful and
thankful.
And pray for us, too, that God may open a door for
our message, so that we may proclaim the mystery of
Christ, for which I am in chains.

항상 기뻐하라
쉬지 말고 기도하라
범사에 감사하라
이것이 그리스도 예수 안에서
너희를 향하신 하나님의 뜻이니라

-데살로니가전서 5장 16~18절

Be joyful always; pray continually; give thanks in all circumstances, for this is God's will for you in Christ Jesus.

그러므로 내가 첫째로 권하노니
모든 사람을 위하여 간구와 기도와
도고와 감사를 하되 임금들과 높은
지위에 있는 모든 사람을 위하여 하라
이는 우리가 모든 경건과 단정함으로
고요하고 평안한 생활을 하려 함이라

-디모데전서 2장 1~2절

I urge, then, first of all, that requests, prayers, intercession and thanksgiving be made for everyone—for kings and all those in authority, that we may live peaceful and quiet lives in all godliness and holiness.

0426

그는 육체에 계실 때에 자기를 죽음에서
능히 구원하실 이에게 심한 통곡과 눈물로
간구와 소원을 올렸고 그의 경건하심으로
말미암아 들으심을 얻었느니라

-히브리서 5장 7절

During the days of Jesus life on earth, he offered up
prayers and petitions with loud cries and tears to
the one who could save him from death, and he was
heard because of his reverent submission.

그리스도를 닮아가는 삶

너희 중에 누구든지 지혜가 부족하거든
모든 사람에게 후히 주시고 꾸짖지 아니하시는
하나님께 구하라 그리하면 주시리라
오직 믿음으로 구하고 조금도 의심하지 말라
의심하는 자는 마치 바람에 밀려 요동하는
바다 물결 같으니

-야고보서 1장 5~6절

If any of you lacks wisdom, he should ask God,
who gives generously to all without finding fault,
and it will be given to him.
But when he asks, he must believe and not doubt,
because he who doubts is like a wave of the sea,
blown and tossed by the wind.

너희 중에 고난 당하는 자가 있느냐
그는 기도할 것이요 즐거워하는 자가 있느냐
그는 찬송할지니라 너희 중에 병든 자가 있느냐
그는 교회의 장로들을 청할 것이요
그들은 주의 이름으로 기름을 바르며
그를 위하여 기도할지니라
믿음의 기도는 병든 자를 구원하리니
주께서 그를 일으키시리라 혹시 죄를
범하였을지라도 사하심을 받으리라

-야고보서 5장 13~15절

Is any one of you in trouble? He should pray. Is anyone happy? Let him sing songs of praise.

Is any one of you sick? He should call the elders of the church to pray over him and anoint him with oil in the name of the Lord.

And the prayer offered in faith will make the sick person well; the Lord will raise him up. If he has sinned, he will be forgiven.

0429

만물의 마지막이 가까이 왔으니
그러므로 너희는 정신을 차리고
근신하여 기도하라

-베드로전서 4장 7절

he end of all things is near. Therefore be clear
minded and self-controlled so that you can pray.

0430

그를 향하여 우리가 가진 바
담대함이 이것이니 그의 뜻대로
무엇을 구하면 들으심이라
우리가 무엇이든지 구하는 바를
들으시는 줄을 안즉 우리가 그에게
구한 그것을 얻은 줄을 또한 아느니라

-요한일서 5장 14~15절

This is the confidence we have in approaching
God: that if we ask anything according to his
will, he hears us.
And if we know that he hears us—whatever we ask—
we know that we have what we asked of him.

8
:

교제
Fellowship

보라 형제가 연합하여 동거함이
어찌 그리 선하고 아름다운고
머리에 있는 보배로운 기름이
수염 곧 아론의 수염에 흘러서
그의 옷깃까지 내림 같고
헐몬의 이슬이 시온의 산들에
내림 같도다 거기서 여호와께서
복을 명령하셨나니 곧 영생이로다

-시편 133편 1~3절

How good and pleasant it is when brothers live together in unity!
It is like precious oil poured on the head, running down on the beard, running down on Aaron's beard, down upon the collar of his robes.
It is as if the dew of Hermon were falling on Mount Zion. For there the LORD bestows his blessing, even life forevermore.

0502

너는 마음을 다하여 여호와를 신뢰하고
네 명철을 의지하지 말라
너는 범사에 그를 인정하라 그리하면
네 길을 지도하시리라
스스로 지혜롭게 여기지 말지어다
여호와를 경외하며 악을 떠날지어다

-잠언 3장 5~7절

rust in the LORD with all your heart and lean not
on your own understanding; in all your ways
acknowledge him, and he will make your paths straight.
Do not be wise in your own eyes; fear the LORD and
shun evil.

두려워하지 말라 내가 너와 함께 함이라
놀라지 말라 나는 네 하나님이 됨이라
내가 너를 굳세게 하리라
참으로 너를 도와 주리라
참으로 나의 의로운 오른손으로 너를 붙들리라

-이사야 41장 10절

So do not fear, for I am with you; do not be dismayed, for I am your God. I will strengthen you and help you; I will uphold you with my righteous right hand.

너희 중에 누구든지 으뜸이 되고자
하는 자는 너희의 종이 되어야 하리라
인자가 온 것은 섬김을 받으려 함이 아니라
도리어 섬기려 하고 자기 목숨을 많은 사람의
대속물로 주려 함이니라

-마태복음 20장 27~28절

And whoever wants to be first must be your slave
—just as the Son of Man did not come to be
served, but to serve, and to give his life as a ransom
for many.

그러므로 너희는 죄가 너희 죽을 몸을
지배하지 못하게 하여 몸의 사욕에 순종하지 말고
또한 너희 지체를 불의의 무기로 죄에게 내주지
말고 오직 너희 자신을 죽은 자 가운데서 다시
살아난 자 같이 하나님께 드리며 너희 지체를
의의 무기로 하나님께 드리라

-로마서 6장 12~13절

Therefore do not let sin reign in your mortal body
so that you obey its evil desires.
Do not offer the parts of your body to sin, as
instruments of wickedness, but rather offer yourselves
to God, as those who have been brought from death
to life; and offer the parts of your body to him as
instruments of righteousness.

만일 너희 속에 하나님의 영이 거하시면
너희가 육신에 있지 아니하고 영에 있나니
누구든지 그리스도의 영이 없으면
그리스도의 사람이 아니라

-로마서 8장 9절

You, however, are controlled not by the sinful nature but by the Spirit, if the Spirit of God lives in you. And if anyone does not have the Spirit of Christ, he does not belong to Christ.

우리가 한 몸에 많은 지체를 가졌으나
모든 지체가 같은 기능을 가진 것이 아니니
이와 같이 우리 많은 사람이 그리스도 안에서
한 몸이 되어 서로 지체가 되었느니라

-로마서 12장 4~5절

Just as each of us has one body with many members, and these members do not all have the same function, so in Christ we who are many form one body, and each member belongs to all the others.

0508

너희를 불러 그의 아들 예수 그리스도
우리 주와 더불어 교제하게 하시는
하나님은 미쁘시도다

-고린도전서 1장 9절

od, who has called you into fellowship with his
Son Jesus Christ our Lord, is faithful.

0509

그러므로 내 사랑하는 형제들아
견실하며 흔들리지 말고 항상
주의 일에 더욱 힘쓰는 자들이 되라
이는 너희 수고가 주 안에서 헛되지
않은 줄 앎이라

-고린도전서 15장 58절

Therefore, my dear brothers, stand firm. Let nothing move you. Always give yourselves fully to the work of the Lord, because you know that your labor in the Lord is not in vain.

항상 우리를 그리스도 안에서
이기게 하시고 우리로 말미암아
각처에서 그리스도를 아는 냄새를
나타내시는 하나님께 감사하노라
우리는 구원 받는 자들에게나
망하는 자들에게나 하나님 앞에서
그리스도의 향기니

-고린도후서 2장 14~15절

But thanks be to God, who always leads us in triumphal procession in Christ and through us spreads everywhere the fragrance of the knowledge of him.
For we are to God the aroma of Christ among those who are being saved and those who are perishing.

0511

우리가 항상 예수의 죽음을
몸에 짊어짐은 예수의 생명이
또한 우리 몸에 나타나게 하려 함이라

-고린도후서 4장 10절

We always carry around in our body the death of Jesus, so that the life of Jesus may also be revealed in our body.

형제들아 너희가 자유를 위하여
부르심을 입었으나 그러나 그 자유로
육체의 기회를 삼지 말고 오직 사랑으로
서로 종 노릇 하라

-갈라디아서 5장 13절

You, my brothers, were called to be free. But do not use your freedom to indulge the sinful nature; rather, serve one another in love.

오직 사랑 안에서 참된 것을 하여
범사에 그에게까지 자랄지라
그는 머리니 곧 그리스도라
그에게서 온 몸이 각 마디를 통하여
도움을 받음으로 연결되고 결합되어
각 지체의 분량대로 역사하여
그 몸을 자라게 하며 사랑 안에서
스스로 세우느니라

-에베소서 4장 15~16절

Instead, speaking the truth in love, we will in all things grow up into him who is the Head, that is, Christ.
From him the whole body, joined and held together by every supporting ligament, grows and builds itself up in love, as each part does its work.

0514

그러므로 나의 사랑하는 자들아
너희가 나 있을 때뿐 아니라
더욱 지금 나 없을 때에도
항상 복종하여 두렵고 떨림으로
너희 구원을 이루라
너희 안에서 행하시는 이는 하나님이시니
자기의 기쁘신 뜻을 위하여 너희에게
소원을 두고 행하게 하시나니
모든 일을 원망과 시비가 없이 하라

-빌립보서 2장 12~14절

Therefore, my dear friends, as you have always obeyed—not only in my presence, but now much more in my absence—continue to work out your salvation with fear and trembling, for it is God who works in you to will and to act according to his good purpose.
Do everything without complaining or arguing.

0515

또 형제들아 너희를 권면하노니
게으른 자들을 권계하며
마음이 약한 자들을 격려하고
힘이 없는 자들을 붙들어 주며
모든 사람에게 오래 참으라
삼가 누가 누구에게든지 악으로
악을 갚지 말게 하고 서로 대하든지
모든 사람을 대하든지 항상 선을 따르라

-데살로니가전서 5장 14~15절

And we urge you, brothers, warn those who are idle, encourage the timid, help the weak, be patient with everyone.
Make sure that nobody pays back wrong for wrong, but always try to be kind to each other and to everyone else.

그 후에 말씀하시기를 보시옵소서
내가 하나님의 뜻을 행하러 왔나이다
하셨으니 그 첫째 것을 폐하심은
둘째 것을 세우려 하심이라

-히브리서 10장 9절

Then he said, "Here I am, I have come to do
your will." He sets aside the first to establish the
second.

간음한 여인들아 세상과 벗된 것이
하나님과 원수 됨을 알지 못하느냐
그런즉 누구든지 세상과 벗이 되고자
하는 자는 스스로 하나님과 원수 되는
것이니라

-야고보서 4장 4절

You adulterous people, don'you know that
friendship with the world is hatred toward God?
Anyone who chooses to be a friend of the world
becomes an enemy of God.

하나님을 가까이하라
그리하면 너희를 가까이하시리라
죄인들아 손을 깨끗이 하라
두 마음을 품은 자들아
마음을 성결하게 하라

-야고보서 4장 8절

Come near to God and he will come near to you.
Wash your hands, you sinners, and purify your
hearts, you double-minded.

우리가 보고 들은 바를 너희에게도 전함은
너희로 우리와 사귐이 있게 하려 함이니
우리의 사귐은 아버지와 그의 아들
예수 그리스도와 더불어 누림이라

-요한일서 1장 3절

We proclaim to you what we have seen and
heard, so that you also may have fellowship
with us. And our fellowship is with the Father and
with his Son, Jesus Christ.

만일 우리가 하나님과 사귐이 있다 하고
어둠에 행하면 거짓말을 하고 진리를
행하지 아니함이거니와 그가 빛 가운데
계신 것 같이 우리도 빛 가운데 행하면
우리가 서로 사귐이 있고 그 아들 예수의
피가 우리를 모든 죄에서 깨끗하게
하실 것이요

-요한일서 1장 6~7절

If we claim to have fellowship with him yet walk in
the darkness, we lie and do not live by the truth.
But if we walk in the light, as he is in the light, we
have fellowship with one another, and the blood of
Jesus, his Son, purifies us from all sin.

2장 ＿ 그리스도를 닮아가는 삶

9
．
．
．
순종
Obedience

만군의 여호와가 이르노라
너희의 온전한 십일조를 창고에 들여
나의 집에 양식이 있게 하고 그것으로
나를 시험하여 내가 하늘 문을 열고
너희에게 복을 쌓을 곳이 없도록
붓지 아니하나 보라

-말라기 3장 10절

Bring the whole tithe into the storehouse, that there may be food in my house. Test me in this, "says the LORD Almighty," and see if I will not throw open the floodgates of heaven and pour out so much blessing that you will not have room enough for it.

누구든지 사람 앞에서 나를 시인하면
나도 하늘에 계신 내 아버지 앞에서
그를 시인할 것이요
누구든지 사람 앞에서 나를 부인하면
나도 하늘에 계신 내 아버지 앞에서
그를 부인하리라

-마태복음 10장 32~33절

Whoever acknowledges me before men, I will also acknowledge him before my Father in heaven. But whoever disowns me before men, I will disown him before my Father in heaven.

0523

베드로와 요한이 대답하여 이르되
하나님 앞에서 너희의 말을 듣는 것이
하나님의 말씀을 듣는 것보다 옳은가
판단하라 우리는 보고 들은 것을
말하지 아니할 수 없다 하니

-사도행전 4장 19~20절

B ut Peter and John replied, "Judge for yourselves
whether it is right in God's sight to obey you
rather than God.
For we cannot help speaking about what we have
seen and heard."

그런즉 우리가 무슨 말을 하리요
은혜를 더하게 하려고 죄에 거하겠느냐
그럴 수 없느니라 죄에 대하여 죽은
우리가 어찌 그 가운데 더 살리요

-로마서 6장 1~2절

What shall we say, then? Shall we go on sinning so that grace may increase?
By no means! We died to sin; how can we live in it any longer?

그러므로 형제들아 우리가 빚진 자로되
육신에게 져서 육신대로 살 것이 아니니라
너희가 육신대로 살면 반드시 죽을 것이로되
영으로써 몸의 행실을 죽이면 살리니
무릇 하나님의 영으로 인도함을 받는 사람은
곧 하나님의 아들이라

-로마서 8장 12~14절

Therefore, brothers, we have an obligation—but it is not to the sinful nature, to live according to it. For if you live according to the sinful nature, you will die; but if by the Spirit you put to death the misdeeds of the body, you will live, because those who are led by the Spirit of God are sons of God.

0.526

우리 중에 누구든지 자기를 위하여
사는 자가 없고 자기를 위하여
죽는 자도 없도다
우리가 살아도 주를 위하여 살고
죽어도 주를 위하여 죽나니
그러므로 사나 죽으나
우리가 주의 것이로다

-로마서 14장 7~8절

For none of us lives to himself alone and none of
us dies to himself alone.
If we live, we live to the Lord; and if we die, we die
to the Lord. So, whether we live or die, we belong to
the Lord.

0527

너희 몸은 너희가 하나님께로부터
받은 바 너희 가운데 계신 성령의
전인 줄을 알지 못하느냐
너희는 너희 자신의 것이 아니라
값으로 산 것이 되었으니 그런즉
너희 몸으로 하나님께 영광을 돌리라

-고린도전서 6장 19~20절

Do you not know that your body is a temple of the Holy Spirit, who is in you, whom you have received from God? You are not your own; you were bought at a price. Therefore honor God with your body.

나와 같이 모든 일에 모든 사람을
기쁘게 하여 자신의 유익을 구하지
아니하고 많은 사람의 유익을 구하여
그들로 구원을 받게 하라

-고린도전서 10장 33절

Even as I try to please everybody in every way.
For I am not seeking my own good but the good
of many, so that they may be saved.

너희는 유혹의 욕심을 따라
썩어져 가는 구습을 따르는
옛 사람을 벗어 버리고
오직 너희의 심령이 새롭게 되어
하나님을 따라 의와 진리의 거룩함으로
지으심을 받은 새 사람을 입으라

-에베소서 4장 22~24절

You were taught, with regard to your former way
of life, to put off your old self, which is being
corrupted by its deceitful desires; to be made new
in the attitude of your minds; and to put on the new
self, created to be like God in true righteousness and
holiness.

그리스도를 닮아가는 삶

너희가 전에는 어둠이더니
이제는 주 안에서 빛이라
빛의 자녀들처럼 행하라
빛의 열매는 모든 착함과
의로움과 진실함에 있느니라
주를 기쁘시게 할 것이
무엇인가 시험하여 보라

-에베소서 5장 8~10절

For you were once darkness, but now you
are light in the Lord. Live as children of light
(for the fruit of the light consists in all goodness,
righteousness and truth) and find out what pleases
the Lord.

징계는 다 받는 것이거늘
너희에게 없으면 사생자요
친아들이 아니니라
또 우리 육신의 아버지가
우리를 징계하여도 공경하였거든
하물며 모든 영의 아버지께
더욱 복종하며 살려 하지 않겠느냐

-히브리서 12장 8~9절

If you are not disciplined (and everyone undergoes discipline), then you are illegitimate children and not true sons.
Moreover, we have all had human fathers who disciplined us and we respected them for it. How much more should we submit to the Father of our spirits and live.

10

．

．

소망
Hope

너희는 마음에 근심하지 말라
하나님을 믿으니 또 나를 믿으라
내 아버지 집에 거할 곳이 많도다
그렇지 않으면 너희에게 일렀으리라
내가 너희를 위하여 거처를 예비하러 가노니
가서 너희를 위하여 거처를 예비하면
내가 다시 와서 너희를 내게로 영접하여
나 있는 곳에 너희도 있게 하리라

-요한복음 14장 1~3절

Do not let your hearts be troubled. Trust in God;
trust also in me.
In my Father's house are many rooms; if it were not so,
I would have told you. I am going there to prepare a
place for you.
And if I go and prepare a place for you, I will come
back and take you to be with me that you also may
be where I am.

그들이 기다리는 바 하나님께 향한 소망을
나도 가졌으니 곧 의인과 악인의 부활이
있으리라 함이니이다

-사도행전 24장 15절

And I have the same hope in God as these men, that there will be a resurrection of both the righteous and the wicked.

0603

소망이 우리를 부끄럽게 하지 아니함은
우리에게 주신 성령으로 말미암아
하나님의 사랑이 우리 마음에 부은 바 됨이니
우리가 아직 연약할 때에 기약대로 그리스도께서
경건하지 않은 자를 위하여 죽으셨도다

-로마서 5장 5~6절

And hope does not disappoint us, because God has poured out his love into our hearts by the Holy Spirit, whom he has given us.
You see, at just the right time, when we were still powerless, Christ died for the ungodly.

피조물이 다 이제까지 함께 탄식하며
함께 고통을 겪고 있는 것을 우리가 아느니라
그뿐 아니라 또한 우리 곧 성령의 처음 익은
열매를 받은 우리까지도 속으로 탄식하여
양자 될 것 곧 우리 몸의 속량을 기다리느니라

-로마서 8장 22~23절

We know that the whole creation has been
groaning as in the pains of childbirth right up
to the present time.
Not only so, but we ourselves, who have the firstfruits
of the Spirit, groan inwardly as we wait eagerly for
our adoption as sons, the redemption of our bodies.

무엇이든지 전에 기록된 바는
우리의 교훈을 위하여 기록된 것이니
우리로 하여금 인내로 또는 성경의
위로로 소망을 가지게 함이니라

-로마서 15장 4절

이기기를 다투는 자마다
모든 일에 절제하나니
그들은 썩을 승리자의
관을 얻고자 하되
우리는 썩지 아니할 것을
얻고자 하노라

-고린도전서 9장 25절

Everyone who competes in the games goes into
strict training. They do it to get a crown that
will not last; but we do it to get a crown that will last
forever.

우리가 잠시 받는 환난의 경한 것이
지극히 크고 영원한 영광의 중한 것을
우리에게 이루게 함이니
우리가 주목하는 것은 보이는 것이 아니요
보이지 않는 것이니 보이는 것은 잠깐이요
보이지 않는 것은 영원함이라

-고린도후서 4장 17~18절

For our light and momentary troubles are achieving for us an eternal glory that far outweighs them all.
So we fix our eyes not on what is seen, but on what is unseen. For what is seen is temporary, but what is unseen is eternal.

우리 주 예수 그리스도의 아버지
하나님을 찬송하리로다 그의 많으신
긍휼대로 예수 그리스도를 죽은 자
가운데서 부활하게 하심으로 말미암아
우리를 거듭나게 하사 산 소망이 있게 하시며
썩지 않고 더럽지 않고 쇠하지 아니하는
유업을 잇게 하시나니 곧 너희를 위하여
하늘에 간직하신 것이라

-베드로전서 1장 3~4절

Praise be to the God and Father of our Lord Jesus
Christ! In his great mercy he has given us new
birth into a living hope through the resurrection of
Jesus Christ from the dead, and into an inheritance
that can never perish, spoil or fade—kept in heaven
for you.

너희 마음에 그리스도를 주로 삼아
거룩하게 하고 너희 속에 있는 소망에
관한 이유를 묻는 자에게는 대답할 것을
항상 준비하되 온유와 두려움으로 하고
선한 양심을 가지라 이는 그리스도 안에 있는
너희의 선행을 욕하는 자들로 그 비방하는
일에 부끄러움을 당하게 하려 함이라

-베드로전서 3장 15~16절

But in your hearts set apart Christ as Lord. Always be prepared to give an answer to everyone who asks you to give the reason for the hope that you have. But do this with gentleness and respect, keeping a clear conscience, so that those who speak maliciously against your good behavior in Christ may be ashamed of their slander.

사랑하는 자들아 우리가 지금은
하나님의 자녀라 장래에 어떻게 될지는
아직 나타나지 아니하였으나
그가 나타나시면 우리가 그와 같을 줄을
아는 것은 그의 참모습 그대로 볼 것이기
때문이니 주를 향하여 이 소망을 가진
자마다 그의 깨끗하심과 같이 자기를
깨끗하게 하느니라

-요한일서 3장 2~3절

Dear friends, now we are children of God, and
what we will be has not yet been made known.
But we know that when he appears, we shall be like
him, for we shall see him as he is.
Everyone who has this hope in him purifies himself,
just as he is pure.

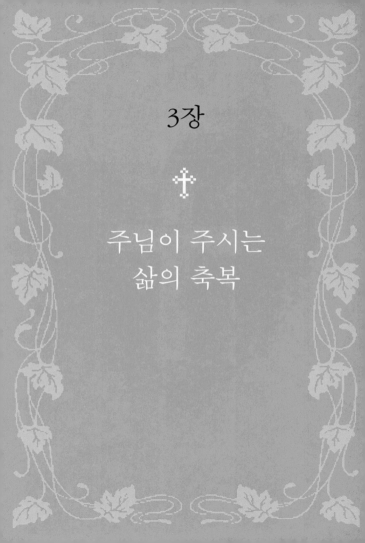

3장

✟

주님이 주시는
삶의 축복

11

· ·

사랑

Love

0611

하나님이 이르시되 그가 나를 사랑한즉
내가 그를 건지리라 그가 내 이름을 안즉
내가 그를 높이리라 그가 내게 간구하리니
내가 그에게 응답하리라 그들이 환난 당할 때에
내가 그와 함께 하여 그를 건지고 영화롭게 하리라

-시편 91편 14~15절

Because he loves me, says the LORD, I will rescue
him; I will protect him, for he acknowledges my
name.
He will call upon me, and I will answer him; I will be
with him in trouble, I will deliver him and honor him.

0612

나를 사랑하는 자들이 나의 사랑을 입으며
나를 간절히 찾는 자가 나를 만날 것이니라

-잠언 8장 17절

 love those who love me, and those who seek me
find me.

너는 나를 도장 같이 마음에 품고
도장 같이 팔에 두라
사랑은 죽음 같이 강하고
질투는 스올 같이 잔인하며 불길 같이 일어나니
그 기세가 여호와의 불과 같으니라
많은 물도 이 사랑을 끄지 못하겠고
홍수라도 삼키지 못하나니
사람이 그의 온 가산을 다 주고
사랑과 바꾸려 할지라도 오히려 멸시를 받으리라

-아가 8장 6~7절

Place me like a seal over your heart, like a seal on your arm; for love is as strong as death, its jealousy unyielding as the grave. It burns like blazing fire, like a mighty flame.
Many waters cannot quench love; rivers cannot wash it away. If one were to give all the wealth of his house for love, it would be utterly scorned.

0614

예수께서 이르시되 네 마음을 다하고 목숨을
다하고 뜻을 다하여 주 너의 하나님을 사랑하라
하셨으니 이것이 크고 첫째 되는 계명이요
둘째도 그와 같으니 네 이웃을 네 자신 같이
사랑하라 하셨으니 이 두 계명이 온 율법과
선지자의 강령이니라

-마태복음 22장 37~40절

Jesus replied:"Love the Lord your God with all
your heart and with all your soul and with all
your mind.
This is the first and greatest commandment. And the
second is like it: Love your neighbor as yourself.
All the Law and the Prophets hang on these two
commandments."

또 마음을 다하고 지혜를 다하고
힘을 다하여 하나님을 사랑하는 것과
또 이웃을 자기 자신과 같이 사랑하는 것이
전체로 드리는 모든 번제물과 기타 제물보다
나으니이다

-마가복음 12장 33절

To love him with all your heart, with all your
understanding and with all your strength, and to
love your neighbor as yourself is more important than
all burnt offerings and sacrifices.

0616

새 계명을 너희에게 주노니
서로 사랑하라
내가 너희를 사랑한 것 같이
너희도 서로 사랑하라
너희가 서로 사랑하면 이로써
모든 사람이 너희가 내 제자인
줄 알리라

-요한복음 13장 34~35절

new command I give you: Love one another.
As I have loved you, so you must love one
another.
By this all men will know that you are my disciples, if
you love one another.

0617

나의 계명을 지키는 자라야
나를 사랑하는 자니 나를 사랑하는 자는
내 아버지께 사랑을 받을 것이요
나도 그를 사랑하여 그에게 나를 나타내리라

-요한복음 14장 21절

W hoever has my commands and obeys them, he
is the one who loves me. He who loves me will
be loved by my Father, and I too will love him and
show myself to him.

0618

아버지께서 나를 사랑하신 것 같이
나도 너희를 사랑하였으니
나의 사랑 안에 거하라

-요한복음 15장 9절

s the Father has loved me, so have I loved you.
Now remain in my love.

내 계명은 곧 내가 너희를 사랑한 것 같이
너희도 서로 사랑하라 하는 이것이니라
사람이 친구를 위하여 자기 목숨을 버리면
이보다 더 큰 사랑이 없나니

-요한복음 15장 12~13절

y command is this: Love each other as I have
loved you.
Greater love has no one than this, that he lay down
his life for his friends.

0620

내가 확신하노니 사망이나 생명이나
천사들이나 권세자들이나 현재 일이나
장래 일이나 능력이나 높음이나 깊음이나
다른 어떤 피조물이라도
우리를 우리 주 그리스도 예수 안에 있는
하나님의 사랑에서 끊을 수 없으리라

-로마서 8장 38~39절

For I am convinced that neither death nor life, neither angels nor demons, neither the present nor the future, nor any powers, neither height nor depth, nor anything else in all creation, will be able to separate us from the love of God that is in Christ Jesus our Lord.

피차 사랑의 빚 외에는
아무에게든지 아무 빚도 지지 말라
남을 사랑하는 자는 율법을
다 이루었느니라

-로마서 13장 8절

Let no debt remain outstanding, except the
continuing debt to love one another, for he who
loves his fellowman has fulfilled the law.

사랑은 이웃에게
악을 행하지 아니하나니
그러므로 사랑은 율법의 완성이니라

-로마서 13장 10절

Love does no harm to its neighbor. Therefore love
is the fulfillment of the law.

0623

내가 사람의 방언과 천사의 말을 할지라도
사랑이 없으면 소리 나는 구리와 울리는
꽹과리가 되고 내가 예언하는 능력이 있어
모든 비밀과 모든 지식을 알고
또 산을 옮길 만한 모든 믿음이 있을지라도
사랑이 없으면 내가 아무 것도 아니요
내가 내게 있는 모든 것으로 구제하고
또 내 몸을 불사르게 내줄지라도
사랑이 없으면 내게 아무 유익이 없느니라

-고린도전서 13장 1~3절

If I speak in the tongues of men and of angels, but have not love, I am only a resounding gong or a clanging cymbal.

If I have the gift of prophecy and can fathom all mysteries and all knowledge, and if I have a faith that can move mountains, but have not love, I am nothing.

If I give all I possess to the poor and surrender my body to the flames, but have not love, I gain nothing.

사랑은 오래 참고 사랑은 온유하며
시기하지 아니하며 사랑은 자랑하지 아니하며
교만하지 아니하며 무례히 행하지 아니하며
자기의 유익을 구하지 아니하며
성내지 아니하며 악한 것을 생각하지 아니하며
불의를 기뻐하지 아니하며 진리와 함께 기뻐하고
모든 것을 참으며 모든 것을 믿으며
모든 것을 바라며 모든 것을 견디느니라

-고린도전서 13장 4~7절

Love is patient, love is kind. It does not envy, it does not boast, it is not proud.
It is not rude, it is not self-seeking, it is not easily angered, it keeps no record of wrongs.
Love does not delight in evil but rejoices with the truth. It always protects, always trusts, always hopes, always perseveres.

0625

우리가 지금은 거울로 보는 것 같이 희미하나
그 때에는 얼굴과 얼굴을 대하여 볼 것이요
지금은 내가 부분적으로 아나 그 때에는 주께서
나를 아신 것 같이 내가 온전히 알리라
그런즉 믿음, 소망, 사랑, 이 세 가지는
항상 있을 것인데 그 중의 제일은 사랑이라

-고린도전서 13장 12~13절

Now we see but a poor reflection as in a mirror;
then we shall see face to face. Now I know
in part; then I shall know fully, even as I am fully
known.
And now these three remain: faith, hope and love.
But the greatest of these is love.

믿음으로 말미암아 그리스도께서 너희 마음에
계시게 하시옵고 너희가 사랑 가운데서
뿌리가 박히고 터가 굳어져서
능히 모든 성도와 함께 지식에 넘치는
그리스도의 사랑을 알고 그 너비와 길이와
높이와 깊이가 어떠함을 깨달아 하나님의
모든 충만하신 것으로 너희에게 충만하게
하시기를 구하노라

-에베소서 3장 17~19절

So that Christ may dwell in your hearts through faith. And I pray that you, being rooted and established in love, may have power, together with all the saints, to grasp how wide and long and high and deep is the love of Christ, and to know this love that surpasses knowledge — that you may be filled to the measure of all the fullness of God.

무엇보다도 뜨겁게 서로 사랑할지니
사랑은 허다한 죄를 덮느니라

-베드로전서 4장 8절

bove all, love each other deeply, because love
covers over a multitude of sins.

자녀들아 우리가 말과 혀로만
사랑하지 말고 행함과 진실함으로 하자

-요한일서 3장 18절

ear children, let us not love with words or
tongue but with actions and in truth.

사랑하는 자들아 우리가 서로 사랑하자
사랑은 하나님께 속한 것이니 사랑하는
자마다 하나님으로부터 나서 하나님을 알고
사랑하지 아니하는 자는 하나님을 알지 못하나니
이는 하나님은 사랑이심이라

-요한일서 4장 7~8절

Dear friends, let us love one another, for love comes from God. Everyone who loves has been born of God and knows God.
Whoever does not love does not know God, because God is love.

0630

사랑하는 자들아 하나님이
이같이 우리를 사랑하셨은즉
우리도 서로 사랑하는 것이 마땅하도다

-요한일서 4장 11절

ear friends, since God so loved us, we also
ought to love one another.

12
:
은혜
Grace

그리스도 예수 안에 있는 속량으로
말미암아 하나님의 은혜로 값 없이
의롭다 하심을 얻은 자 되었느니라

-로마서 3장 24절

nd are justified freely by his grace through the
redemption that came by Christ Jesus.

누가 우리를 그리스도의 사랑에서 끊으리요
환난이나 곤고나 박해나 기근이나 적신이나
위험이나 칼이랴 기록된 바
우리가 종일 주를 위하여 죽임을 당하게 되며
도살 당할 양 같이 여김을 받았나이다 함과
같으니라
그러나 이 모든 일에 우리를 사랑하시는
이로 말미암아 우리가 넉넉히 이기느니라

-로마서 8장 35~37절

Who shall separate us from the love of Christ?
Shall trouble or hardship or persecution or
famine or nakedness or danger or sword?
As it is written: "For your sake we face death all day
long; we are considered as sheep to be slaughtered."
No, in all these things we are more than conquerors
through him who loved us.

0703

만일 은혜로 된 것이면
행위로 말미암지 않음이니 그렇지 않으면
은혜가 은혜되지 못하느니라

-로마서 11장 6절

nd if by grace, then it is no longer by works; if it
were, grace would no longer be grace.

0704

은사는 여러 가지나 성령은 같고
직분은 여러 가지나 주는 같으며
또 사역은 여러 가지나 모든 것을
모든 사람 가운데서 이루시는 하나님은 같으니
각 사람에게 성령을 나타내심은
유익하게 하려 하심이라

-고린도전서 12장 4~7절

There are different kinds of gifts, but the same
Spirit. There are different kinds of service, but
the same Lord.
There are different kinds of working, but the same
God works all of them in all men.
Now to each one the manifestation of the Spirit is
given for the common good.

0705

이르시되 내가 은혜 베풀 때에 너에게 듣고
구원의 날에 너를 도왔다 하셨으니
보라 지금은 은혜 받을 만한 때요
보라 지금은 구원의 날이로다

-고린도후서 6장 2절

For he says,"In the time of my favor I heard you,
and in the day of salvation I helped you."I tell
you, now is the time of God's favor, now is the day of
salvation.

우리 주 예수 그리스도의 은혜를
너희가 알거니와 부요하신 이로서
너희를 위하여 가난하게 되심은
그의 가난함으로 말미암아
너희를 부요하게 하려 하심이라

-고린도후서 8장 9절

For you know the grace of our Lord Jesus Christ,
that though he was rich, yet for your sakes he
became poor, so that you through his poverty might
become rich.

너희는 그 은혜에 의하여
믿음으로 말미암아 구원을 받았으니
이것은 너희에게서 난 것이 아니요
하나님의 선물이라 행위에서 난 것이 아니니
이는 누구든지 자랑하지 못하게 함이라

-에베소서 2장 8~9절

or it is by grace you have been saved, through
faith-and this not from yourselves, it is the gift of
God - not by works, so that no one can boast.

0708

나의 하나님이 그리스도 예수 안에서
영광 가운데 그 풍성한대로
너희 모든 쓸 것을 채우시리라

-빌립보서 4장 19절

nd my God will meet all your needs according
to his glorious riches in Christ Jesus.

3장 　주님이 주시는 삶의 축복

하나님이 우리를 구원하사 거룩하신 소명으로
부르심은 우리의 행위대로 하심이 아니요
오직 자기의 뜻과 영원 전부터 그리스도
예수 안에서 우리에게 주신 은혜대로 하심이라

-디모데후서 1장 9절

ho has saved us and called us to a holy life
— not because of anything we have done but
because of his own purpose and grace. This grace
was given us in Christ Jesus before the beginning of
time.

우리에게 있는 대제사장은 우리의
연약함을 동정하지 못하실 이가 아니요
모든 일에 우리와 똑같이 시험을 받으신
이로되 죄는 없으시니라
그러므로 우리는 긍휼하심을 받고
때를 따라 돕는 은혜를 얻기 위하여
은혜의 보좌 앞에 담대히 나아갈 것이니라

-히브리서 4장 15~16절

For we do not have a high priest who is unable to
sympathize with our weaknesses, but we have
one who has been tempted in every way, just as we
are — yet was without sin.
Let us then approach the throne of grace with
confidence, so that we may receive mercy and find
grace to help us in our time of need.

내 사랑하는 형제들아 속지 말라
온갖 좋은 은사와 온전한 선물이
다 위로부터 빛들의 아버지께로부터
내려오나니 그는 변함도 없으시고
회전하는 그림자도 없으시니라

-야고보서 1장 16~17절

D on be deceived, my dear brothers.
Every good and perfect gift is from above,
coming down from the Father of the heavenly lights,
who does not change like shifting shadows.

너희는 하나님이 우리 속에 거하게 하신
성령이 시기하기까지 사모한다 하신 말씀을
헛된 줄로 생각하느냐
그러나 더욱 큰 은혜를 주시나니
그러므로 일렀으되 하나님이 교만한 자를
물리치시고 겸손한 자에게 은혜를 주신다
하였느니라

-야고보서 4장 5~6절

r do you think Scripture says without reason that
the spirit he caused to live in us envies intensely?
But he gives us more grace. That is why Scripture
says:"God opposes the proud but gives grace to the
humble."

오직 우리 주 곧 구주 예수 그리스도의
은혜와 그를 아는 지식에서 자라 가라
영광이 이제와 영원한 날까지 그에게
있을지어다

-베드로후서 3장 18절

But grow in the grace and knowledge of our Lord
and Savior Jesus Christ. To him be glory both
now and forever! Amen.

13

평안
Peace

0714

네가 희망이 있으므로 안전할 것이며
두루 살펴보고 평안히 쉬리라
네가 누워도 두렵게 할 자가 없겠고
많은 사람이 네게 은혜를 구하리라

-욥기 11장 18~19절

You will be secure, because there is hope; you will look about you and take your rest in safety. You will lie down, with no one to make you afraid, and many will court your favor.

주께서 내 마음에 두신 기쁨은
그들의 곡식과 새 포도주가
풍성할 때보다 더하니이다
내가 평안히 눕고 자기도 하리니
나를 안전히 살게 하시는 이는
오직 여호와이시니이다

-시편 4편 7~8절

3장 주님이 주시는 삶의 축복

내 평생에 선하심과 인자하심이
반드시 나를 따르리니
내가 여호와의 집에 영원히 살리로다

-시편 23편 6절

urely goodness and love will follow me all the
days of my life, and I will dwell in the house of
the LORD forever.

0717

주의 법을 사랑하는 자에게는
큰 평안이 있으니 그들에게
장애물이 없으리이다

-시편 119편 165절

 reat peace have they who love your law, and
nothing can make them stumble.

어떤 길은 사람이 보기에 바르나
필경은 사망의 길이니라
웃을 때에도 마음에 슬픔이 있고
즐거움의 끝에도 근심이 있느니라

-잠언 14장 12~13절

There is a way that seems right to a man, but in
the end it leads to death.
Even in laughter the heart may ache, and joy may end
in grief.

은을 사랑하는 자는
은으로 만족하지 못하고
풍요를 사랑하는 자는
소득으로 만족하지 아니하나니
이것도 헛되도다

-전도서 5장 10절

hoever loves money never has money enough;
whoever loves wealth is never satisfied with his
income. This too is meaningless.

주께서 심지가 견고한 자를
평강하고 평강하도록 지키시리니
이는 그가 주를 신뢰함이니이다

-이사야 26장 3절

ou will keep in perfect peace him whose mind is
steadfast, because he trusts in you.

0721

수고하고 무거운 짐 진 자들아
다 내게로 오라 내가 너희를 쉬게 하리라
나는 마음이 온유하고 겸손하니
나의 멍에를 메고 내게 배우라
그리하면 너희 마음이 쉼을 얻으리니
이는 내 멍에는 쉽고 내 짐은
가벼움이라 하시니라

-마태복음 11장 28~30절

Come to me, all you who are weary and
burdened, and I will give you rest.
Take my yoke upon you and learn from me, for I am
gentle and humble in heart, and you will find rest for
your souls.
For my yoke is easy and my burden is light.

평안을 너희에게 끼치노니
곧 나의 평안을 너희에게 주노라
내가 너희에게 주는 것은
세상이 주는 것과 같지 아니하니라
너희는 마음에 근심하지도 말고
두려워하지도 말라

-요한복음 14장 27절

Peace I leave with you; my peace I give you. I do not give to you as the world gives. Do not let your hearts be troubled and do not be afraid.

0723

하나님의 나라는 먹는 것과
마시는 것이 아니요
오직 성령 안에 있는
의와 평강과 희락이라

-로마서 14장 17절

For the kingdom of God is not a matter of eating
and drinking, but of righteousness, peace and
joy in the Holy Spirit.

그리하면 모든 지각에 뛰어난
하나님의 평강이 그리스도 예수 안에서
너희 마음과 생각을 지키시리라

-빌립보서 4장 7절

And the peace of God, which transcends all understanding, will guard your hearts and your minds in Christ Jesus.

그리스도의 평강이 너희 마음을
주장하게 하라 너희는 평강을 위하여
한 몸으로 부르심을 받았나니
너희는 또한 감사하는 자가 되라

-골로새서 3장 15절

L et the peace of Christ rule in your hearts, since as
   members of one body you were called to peace.
And be thankful.

평강의 주께서 친히 때마다
일마다 너희에게 평강을 주시고
주께서 너희 모든 사람과 함께
하시기를 원하노라

-데살로니가후서 3장 16절

Now may the Lord of peace himself give you peace at all times and in every way. The Lord be with all of you.

14
:

영생
Eternal life

0727

땅의 티끌 가운데에서 자는 자 중에서
많은 사람이 깨어나 영생을 받는 자도 있겠고
수치를 당하여서 영원히 부끄러움을
당할 자도 있을 것이며 지혜 있는 자는
궁창의 빛과 같이 빛날 것이요
많은 사람을 옳은 데로 돌아오게 한 자는
별과 같이 영원토록 빛나리라

-다니엘 12장 2~3절

Multitudes who sleep in the dust of the earth will awake: some to everlasting life, others to shame and everlasting contempt.
Those who are wise will shine like the brightness of the heavens, and those who lead many to righteousness, like the stars for ever and ever.

0728

좁은 문으로 들어가라
멸망으로 인도하는 문은 크고
그 길이 넓어 그리로 들어가는
자가 많고 생명으로 인도하는 문은
좁고 길이 협착하여 찾는 자가 적음이라

마태복음 7장 13~14절

Enter through the narrow gate. For wide is
the gate and broad is the road that leads to
destruction, and many enter through it.
But small is the gate and narrow the road that leads to
life, and only a few find it.

0729

하나님이 세상을 이처럼 사랑하사
독생자를 주셨으니
이는 그를 믿는 자마다 멸망하지 않고
영생을 얻게 하려 하심이라

-요한복음 3장 16절

For God so loved the world that he gave his one
and only Son, that whoever believes in him shall
not perish but have eternal life.

내가 주는 물을 마시는 자는
영원히 목마르지 아니하리니
내가 주는 물은 그 속에서
영생하도록 솟아나는 샘물이 되리라

-요한복음 4장 14절

But whoever drinks the water I give him will
never thirst. Indeed, the water I give him will
become in him a spring of water welling up to eternal
life.

내가 진실로 진실로 너희에게 이르노니
내 말을 듣고 또 나 보내신 이를 믿는 자는
영생을 얻었고 심판에 이르지 아니하나니
사망에서 생명으로 옮겼느니라

-요한복음 5장 24절

I tell you the truth, whoever hears my word and believes him who sent me has eternal life and will not be condemned; he has crossed over from death to life.

0801

예수께서 이르시되
나는 생명의 떡이니 내게 오는 자는
결코 주리지 아니할 터이요
나를 믿는 자는 영원히 목마르지
아니하리라

-요한복음 6장 35절

Then Jesus declared, I am the bread of life. He
who comes to me will never go hungry, and he
who believes in me will never be thirsty.

0802

내 아버지의 뜻은 아들을 보고
믿는 자마다 영생을 얻는 이것이니
마지막 날에 내가 이를 다시 살리리라
하시니라

-요한복음 6장 40절

For my Father's will is that everyone who looks to the Son and believes in him shall have eternal life, and I will raise him up at the last day.

내가 그들에게 영생을 주노니
영원히 멸망하지 아니할 것이요
또 그들을 내 손에서 빼앗을 자가 없느니라
그들을 주신 내 아버지는 만물보다 크시매
아무도 아버지 손에서 빼앗을 수 없느니라

-요한복음 10장 28~29절

I give them eternal life, and they shall never perish;
no one can snatch them out of my hand.
My Father, who has given them to me, is greater than
all; no one can snatch them out of my Father's hand.

예수께서 이르시되 나는 부활이요 생명이니
나를 믿는 자는 죽어도 살겠고
무릇 살아서 나를 믿는 자는
영원히 죽지 아니하리니
이것을 네가 믿느냐

-요한복음 11장 25~26절

Jesus said to her, "I am the resurrection and the life. He who believes in me will live, even though he dies; and whoever lives and believes in me will never die. Do you believe this?"

0805

영생은 곧 유일하신 참 하나님과
그가 보내신 자 예수 그리스도를
아는 것이니이다

-요한복음 17장 3절

Now this is eternal life: that they may know you, the only true God, and Jesus Christ, whom you have sent.

3장 　 주님이 주시는 삶의 축복

0806

죄의 삯은 사망이요
하나님의 은사는 그리스도 예수
우리 주 안에 있는 영생이니라

-로마서 6장 23절

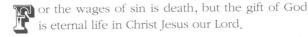

For the wages of sin is death, but the gift of God is eternal life in Christ Jesus our Lord.

스스로 속이지 말라
하나님은 업신여김을 받지 아니하시나니
사람이 무엇으로 심든지 그대로 거두리라
자기의 육체를 위하여 심는 자는
육체로부터 썩어질 것을 거두고
성령을 위하여 심는 자는
성령으로부터 영생을 거두리라

-갈라디아서 6장 7~8절

Do not be deceived: God cannot be mocked. A man reaps what he sows. The one who sows to please his sinful nature, from that nature will reap destruction; the one who sows to please the Spirit, from the Spirit will reap eternal life.

3장 주님이 주시는 삶의 축복

우리로 그의 은혜를 힘입어
의롭다 하심을 얻어 영생의 소망을 따라
상속자가 되게 하려 하심이라

-디도서 3장 7절

So that, having been justified by his grace, we might become heirs having the hope of eternal life.

내가 하나님의 아들의 이름을
믿는 너희에게 이것을 쓰는 것은
너희로 하여금 너희에게 영생이
있음을 알게 하려 함이라

-요한일서 5장 13절

I write these things to you who believe in the
name of the Son of God so that you may know
that you have eternal life.

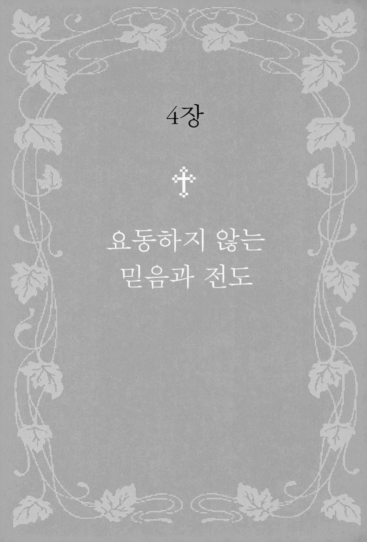

4장

✝

요동하지 않는
믿음과 전도

15
∶
성령
Holy Spirit

내가 주의 영을 떠나 어디로 가며
주의 앞에서 어디로 피하리이까
내가 하늘에 올라갈지라도 거기 계시며
스올에 내 자리를 펼지라도 거기 계시니이다

-시편 139편 7~8절

Where can I go from your Spirit? Where can I flee
from your presence?
If I go up to the heavens, you are there; if I make my
bed in the depths, you are there.

너의 하나님 여호와가 너의 가운데에 계시니
그는 구원을 베푸실 전능자이시라
그가 너로 말미암아 기쁨을 이기지 못하시며
너를 잠잠히 사랑하시며 너로 말미암아
즐거이 부르며 기뻐하시리라 하리라

-스바냐 3장 17절

The LORD your God is with you, he is mighty to
save. He will take great delight in you, he will
quiet you with his love, he will rejoice over you with
singing.

0812

그러므로 내가 너희에게 이르노니
사람에 대한 모든 죄와 모독은
사하심을 얻되 성령을 모독하는 것은
사하심을 얻지 못하겠고
또 누구든지 말로 인자를 거역하면
사하심을 얻되 누구든지 말로 성령을
거역하면 이 세상과 오는 세상에서도
사하심을 얻지 못하리라

-마태복음 12장 31~32절

And so I tell you, every sin and blasphemy will be forgiven men, but the blasphemy against the Spirit will not be forgiven.
Anyone who speaks a word against the Son of Man will be forgiven, but anyone who speaks against the Holy Spirit will not be forgiven, either in this age or in the age to come.

보혜사 곧 아버지께서 내 이름으로
보내실 성령 그가 너희에게 모든 것을
가르치고 내가 너희에게 말한 모든 것을
생각나게 하리라

-요한복음 14장 26절

ut the Counselor, the Holy Spirit, whom the
Father will send in my name, will teach you all
things and will remind you of everything I have said
to you.

그러나 진리의 성령이 오시면
그가 너희를 모든 진리 가운데로
인도하시리니 그가 스스로 말하지 않고
오직 들은 것을 말하며 장래 일을
너희에게 알리시리라

-요한복음 16장 13절

But when he, the Spirit of truth, comes, he will guide you into all truth. He will not speak on his own; he will speak only what he hears, and he will tell you what is yet to come.

오직 성령이 너희에게 임하시면
너희가 권능을 받고 예루살렘과
온 유대와 사마리아와 땅끝까지
이르러 내 증인이 되리라 하시니라

-사도행전 1장 8절

B ut you will receive power when the Holy Spirit
comes on you; and you will be my witnesses in
Jerusalem, and in all Judea and Samaria, and to the
ends of the earth.

베드로가 이르되 너희가 회개하여
각각 예수 그리스도의 이름으로
세례를 받고 죄 사함을 받으라
그리하면 성령의 선물을 받으리니

-사도행전 2장 38절

Peter replied, Repent and be baptized, every
one of you, in the name of Jesus Christ for the
forgiveness of your sins. And you will receive the gift
of the Holy Spirit.

0817

만일 너희 속에 하나님의 영이 거하시면
너희가 육신에 있지 아니하고 영에 있나니
누구든지 그리스도의 영이 없으면
그리스도의 사람이 아니라

-로마서 8장 9절

You, however, are controlled not by the sinful
nature but by the Spirit, if the Spirit of God lives
in you. And if anyone does not have the Spirit of
Christ, he does not belong to Christ.

0818

무릇 하나님의 영으로 인도함을 받는 사람은
곧 하나님의 아들이라 너희는 다시 무서워하는
종의 영을 받지 아니하고 양자의 영을 받았으므로
우리가 아빠 아버지라고 부르짖느니라
성령이 친히 우리의 영과 더불어 우리가
하나님의 자녀인 것을 증언하시나니

-로마서 8장 14~16절

ecause those who are led by the Spirit of God
are sons of God.
For you did not receive a spirit that makes you a slave
again to fear, but you received the Spirit of sonship.
And by him we cry," Abba, Father."
The Spirit himself testifies with our spirit that we are
God's children.

내가 그리스도 안에서 참말을 하고
거짓말을 아니하노라
나에게 큰 근심이 있는 것과
마음에 그치지 않는 고통이 있는 것을
내 양심이 성령 안에서 나와 더불어
증언하노니

-로마서 9장 1절

I speak the truth in Christ — I am not lying, my
conscience confirms it in the Holy Spirit.

오직 하나님이 성령으로 이것을
우리에게 보이셨으니
성령은 모든 것 곧 하나님의
깊은 것까지도 통달하시느니라

-고린도전서 2장 10절

But God has revealed it to us by his Spirit. The
Spirit searches all things, even the deep things of
God.

우리가 세상의 영을 받지 아니하고
오직 하나님으로부터 온 영을 받았으니
이는 우리로 하여금 하나님께서
우리에게 은혜로 주신 것들을
알게 하려 하심이라

-고린도전서 2장 12절

We have not received the spirit of the world
but the Spirit who is from God, that we may
understand what God has freely given us.

0822

너희는 믿음 안에 있는가
너희 자신을 시험하고 너희 자신을 확증하라
예수 그리스도께서 너희 안에 계신 줄을
너희가 스스로 알지 못하느냐
그렇지 않으면 너희는 버림 받은 자니라

-고린도후서 13장 5절

Examine yourselves to see whether you are in the
faith; test yourselves. Do you not realize that
Christ Jesus is in you — unless, of course, you fail the
test?

내가 그리스도와 함께 십자가에 못 박혔나니
그런즉 이제는 내가 사는 것이 아니요
오직 내 안에 그리스도께서 사시는 것이라
이제 내가 육체 가운데 사는 것은
나를 사랑하사 나를 위하여
자기 자신을 버리신 하나님의 아들을
믿는 믿음 안에서 사는 것이라

-갈라디아서 2장 20절

I have been crucified with Christ and I no longer live, but Christ lives in me. The life I live in the body, I live by faith in the Son of God, who loved me and gave himself for me.

오직 성령의 열매는
사랑과 희락과 화평과 오래 참음과
자비와 양선과 충성과 온유와 절제니
이 같은 것을 금지할 법이 없느니라

-갈라디아서 5장 22~23절

But the fruit of the Spirit is love, joy, peace, patience, kindness, goodness, faithfulness, gentleness and self-control. Against such things there is no law.

그 안에서 너희도 진리의 말씀
곧 너희의 구원의 복음을 듣고
그 안에서 또한 믿어 약속의
성령으로 인치심을 받았으니

-에베소서 1장 13절

And you also were included in Christ when you heard the word of truth, the gospel of your salvation. Having believed, you were marked in him with a seal, the promised Holy Spirit.

0826

너희 안에서 행하시는 이는 하나님이시니
자기의 기쁘신 뜻을 위하여
너희에게 소원을 두고 행하게 하시나니

-빌립보서 2장 13절

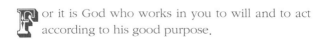

For it is God who works in you to will and to act
according to his good purpose.

너희가 그리스도의 이름으로
치욕을 당하면 복 있는 자로다
영광의 영 곧 하나님의 영이
너희 위에 계심이라

-베드로전서 4장 14절

If you are insulted because of the name of Christ,
you are blessed, for the Spirit of glory and of God
rests on you.

16

.
.

믿음
faith

여호와를 경외하는 것이
지식의 근본이거늘 미련한 자는
지혜와 훈계를 멸시하느니라

-잠언 1장 7절

The fear of the LORD is the beginning of knowledge, but fools despise wisdom and discipline.

이르시되 너희 믿음이 작은 까닭이니라
진실로 너희에게 이르노니
만일 너희에게 믿음이 겨자씨 한 알 만큼만 있어도
이 산을 명하여 여기서 저기로 옮겨지라 하면
옮겨질 것이요 또 너희가 못할 것이 없으리라

-마태복음 17장 20절

He replied,"Because you have so little faith. I tell you the truth, if you have faith as small as a mustard seed, you can say to this mountain, Move from here to there and it will move. Nothing will be impossible for you."

예수께서 이르시되
할 수 있거든이 무슨 말이냐
믿는 자에게는 능히 하지 못할 일이
없느니라 하시니

-마가복음 9장 23절

If you can? said Jesus."Everything is possible for him who believes."

0901

예수께서 그들에게 대답하여 이르시되
하나님을 믿으라
내가 진실로 너희에게 이르노니 누구든지
이 산더러 들리어 바다에 던져지라 하며
그 말하는 것이 이루어질 줄 믿고
마음에 의심하지 아니하면 그대로 되리라
그러므로 내가 너희에게 말하노니
무엇이든지 기도하고 구하는 것은 받은 줄로
믿으라 그리하면 너희에게 그대로 되리라

-마가복음 11장 22~24절

Have faith in God, Jesus answered.
I tell you the truth, if anyone says to this
mountain, Go, throw yourself into the sea, and does
not doubt in his heart but believes that what he says
will happen, it will be done for him.
Therefore I tell you, whatever you ask for in prayer,
believe that you have received it, and it will be yours.

예수께서 이르시되
너는 나를 본 고로 믿느냐
보지 못하고 믿는 자들은
복되도다 하시니라

-요한복음 20장 29절

      hen Jesus told him,"Because you have seen me,
you have believed; blessed are those who have
not seen and yet have believed. "

내가 복음을 부끄러워하지 아니하노니
이 복음은 모든 믿는 자에게 구원을 주시는
하나님의 능력이 됨이라
먼저는 유대인에게요 그리고 헬라인에게로다
복음에는 하나님의 의가 나타나서
믿음으로 믿음에 이르게 하나니
기록된 바 오직 의인은 믿음으로
말미암아 살리라 함과 같으니라

-로마서 1장 16~17절

I am not ashamed of the gospel, because it is the
power of God for the salvation of everyone who
believes: first for the Jew, then for the Gentile.
For in the gospel a righteousness from God is
revealed, a righteousness that is by faith from first
to last, just as it is written:"The righteous will live by
faith."

그러므로 우리가 믿음으로 의롭다
하심을 받았으니 우리 주 예수 그리스도로
말미암아 하나님과 화평을 누리자
또한 그로 말미암아 우리가 믿음으로 서 있는
이 은혜에 들어감을 얻었으며
하나님의 영광을 바라고 즐거워하느니라

-로마서 5장 1~2절

Therefore, since we have been justified through
faith, wehave peace with God through our Lord
Jesus Christ, through whom we have gained access by
faith into this grace in which we now stand. And we
rejoice in the hope of the glory of God.

네가 만일 네 입으로 예수를 주로 시인하며
또 하나님께서 그를 죽은 자 가운데서
살리신 것을 네 마음에 믿으면 구원을 받으리라
사람이 마음으로 믿어 의에 이르고
입으로 시인하여 구원에 이르느니라

-로마서 10장 9~10절

That if you confess with your mouth, "Jesus is Lord," and believe in your heart that God raised him from the dead, you will be saved.
For it is with your heart that you believe and are justified, and it is with your mouth that you confess and are saved.

0906

그러므로 믿음은 들음에서 나며 들음은
그리스도의 말씀으로 말미암았느니라
그러나 내가 말하노니
그들이 듣지 아니하였느냐 그렇지 아니하니
그 소리가 온 땅에 퍼졌고 그 말씀이
땅 끝까지 이르렀도다 하였느니라

-로마서 10장 17~18절

onsequently, faith comes from hearing the
message, and the message is heard through the
word of Christ.
But I ask: Did they not hear? Of course they did: Their
voice has gone out into all the earth, their words to
the ends of the world. "

나의 의인은 믿음으로 말미암아 살리라
또한 뒤로 물러가면 내 마음이
그를 기뻐하지 아니하리라 하셨느니라
우리는 뒤로 물러가 멸망할 자가 아니요
오직 영혼을 구원함에 이르는 믿음을 가진 자니라

-히브리서 10장 38~39절

But my righteous one will live by faith. And if he shrinks back, I will not be pleased with him. But we are not of those who shrink back and are destroyed, but of those who believe and are saved.

믿음은 바라는 것들의 실상이요
보이지 않는 것들의 증거니
선진들이 이로써 증거를 얻었느니라
믿음으로 모든 세계가 하나님의 말씀으로
지어진 줄을 우리가 아나니
보이는 것은 나타난 것으로
말미암아 된 것이 아니니라

-히브리서 11장 1~3절

Now faith is being sure of what we hope for and
certain of what we do not see.
This is what the ancients were commended for.
By faith we understand that the universe was formed
at God's command, so that what is seen was not made
out of what was visible.

믿음이 없이는 하나님을
기쁘시게 하지 못하나니
하나님께 나아가는 자는
반드시 그가 계신 것과
또한 그가 자기를 찾는 자들에게
상 주시는 이심을 믿어야 할지니라

-히브리서 11장 6절

And without faith it is impossible to please God,
because anyone who comes to him must believe
that he exists and that he rewards those who earnestly
seek him.

오직 믿음으로 구하고
조금도 의심하지 말라 의심하는 자는
마치 바람에 밀려 요동하는
바다 물결 같으니

-야고보서 1장 6절

But when he asks, he must believe and not doubt,
because he who doubts is like a wave of the
sea, blown and tossed by the wind.

영혼 없는 몸이 죽은 것 같이
행함이 없는 믿음은 죽은 것이니라

-야고보서 2장 26절

s the body without the spirit is dead, so faith
without deeds is dead.

엘리야는 우리와 성정이 같은 사람이로되
그가 비가 오지 않기를 간절히 기도한즉
삼 년 육 개월 동안 땅에 비가 오지 아니하고
다시 기도하니 하늘이 비를 주고
땅이 열매를 맺었느니라

-야고보서 5장 17~18절

Elijah was a man just like us. He prayed earnestly
that it would not rain, and it did not rain on the
land for three and a half years.
Again he prayed, and the heavens gave rain, and the
earth produced its crops.

너희 믿음의 확실함은 불로 연단하여도
없어질 금보다 더 귀하여 예수 그리스도께서
나타나실 때에 칭찬과 영광과 존귀를
얻게 할 것이니라

-베드로전서 1장 7절

These have come so that your faith — of greater
worth than gold, which perishes even though
refined by fire — may be proved genuine and may
result in praise, glory and honor when Jesus Christ is
revealed.

예수를 너희가 보지 못하였으나
사랑하는도다 이제도 보지 못하나 믿고
말할 수 없는 영광스러운 즐거움으로 기뻐하니
믿음의 결국 곧 영혼의 구원을 받음이라

-베드로전서 1장 8~9절

Though you have not seen him, you love him; and even though you do not see him now, you believe in him and are filled with an inexpressible and glorious joy, for you are receiving the goal of your faith, the salvation of your souls.

무릇 하나님께로부터 난 자마다
세상을 이기느니라 세상을 이기는
승리는 이것이니 우리의 믿음이니라
예수께서 하나님의 아들이심을 믿는 자가
아니면 세상을 이기는 자가 누구냐

-요한일서 5장 4~5절

For everyone born of God overcomes the world.
This is the victory that has overcome the world,
even our faith.
Who is it that overcomes the world? Only he who
believes that Jesus is the Son of God.

17
:
:
전도
Mission

범사에 기한이 있고 천하 만사가 다 때가 있나니
날 때가 있고 죽을 때가 있으며
심을 때가 있고 심은 것을 뽑을 때가 있으며
죽일 때가 있고 치료할 때가 있으며
헐 때가 있고 세울 때가 있으며
울 때가 있고 웃을 때가 있으며
슬퍼할 때가 있고 춤출 때가 있으며
돌을 던져 버릴 때가 있고 돌을 거둘 때가 있으며
안을 때가 있고 안는 일을 멀리 할 때가 있으며
찾을 때가 있고 잃을 때가 있으며
지킬 때가 있고 버릴 때가 있으며
찢을 때가 있고 꿰맬 때가 있으며
잠잠할 때가 있고 말할 때가 있으며
사랑할 때가 있고 미워할 때가 있으며
전쟁할 때가 있고 평화할 때가 있느니라

-전도서 3장 1~8절

There is a time for everything, and a season for every activity under heaven: a time to be born and a time to die, a time to plant and a time to uproot, a time to kill and a time to heal, a time to tear down and a time to build, a time to weep and a time to laugh, a time to mourn and a time to dance, a time to scatter stones and a time to gather them, a time to embrace and a time to refrain, a time to search and a time to give up, a time to keep and a time to throw away, a time to tear and a time to mend, a time to be silent and a time to speak, a time to love and a time to hate, a time for war and a time for peace.

0917

하나님이 모든 것을 지으시되
때를 따라 아름답게 하셨고
또 사람들에게는 영원을 사모하는
마음을 주셨느니라
그러나 하나님이 하시는 일의 시종을
사람으로 측량할 수 없게 하셨도다

-전도서 3장 11절

He has made everything beautiful in its time. He has also set eternity in the hearts of men; yet they cannot fathom what God has done from beginning to end.

예수께서 나아와 말씀하여 이르시되
하늘과 땅의 모든 권세를 내게 주셨으니
그러므로 너희는 가서 모든 민족을 제자로 삼아
아버지와 아들과 성령의 이름으로 세례를 베풀고
내가 너희에게 분부한 모든 것을 가르쳐 지키게
하라 볼지어다 내가 세상 끝날까지 너희와
항상 함께 있으리라 하시니라

-마태복음 28장 18~20절

Then Jesus came to them and said, "All authority in
heaven and on earth has been given to me.
Therefore go and make disciples of all nations,
baptizing them in the name of the Father and of the
Son and of the Holy Spirit, and teaching them to obey
everything I have commanded you.
And surely I am with you always, to the very end of
the age."

또 이르시되 너희는 온 천하에 다니며
만민에게 복음을 전파하라
믿고 세례를 받는 사람은 구원을 얻을 것이요
믿지 않는 사람은 정죄를 받으리라

-마가복음 16장 15~16절

e said to them, Go into all the world and preach
the good news to all creation.
Whoever believes and is baptized will be saved, but
whoever does not believe will be condemned.

0920

그들이 모였을 때에 예수께 여쭈어 이르되
주께서 이스라엘 나라를 회복하심이
이 때니이까 하니 이르시되
때와 시기는 아버지께서 자기의 권한에 두셨으니
너희가 알 바 아니요
오직 성령이 너희에게 임하시면
너희가 권능을 받고
예루살렘과 온 유대와 사마리아와
땅 끝까지 이르러 내 증인이 되리라 하시니라

-사도행전 1장 6~8절

So when they met together, they asked him, "Lord, are you at this time going to restore the kingdom to Israel?"

He said to them: "It is not for you to know the times or dates the Father has set by his own authority.

But you will receive power when the Holy Spirit comes on you; and you will be my witnesses in Jerusalem, and in all Judea and Samaria, and to the ends of the earth."

내가 복음을 부끄러워하지 아니하노니
이 복음은 모든 믿는 자에게 구원을 주시는
하나님의 능력이 됨이라
먼저는 유대인에게요 그리고 헬라인에게로다
복음에는 하나님의 의가 나타나서
믿음으로 믿음에 이르게 하나니
기록된 바 오직 의인은 믿음으로
말미암아 살리라 함과 같으니라

-로마서 1장 16~17절

I am not ashamed of the gospel, because it is the
power of God for the salvation of everyone who
believes: first for the Jew, then for the Gentile.
For in the gospel a righteousness from God is
revealed, a righteousness that is by faith from first
to last, just as it is written:"The righteous will live by
faith."

누구든지 주의 이름을 부르는 자는
구원을 받으리라 그런즉 그들이 믿지
아니하는 이를 어찌 부르리요
듣지도 못한 이를 어찌 믿으리요
전파하는 자가 없이 어찌 들으리요
보내심을 받지 아니하였으면 어찌 전파하리요
기록된 바 아름답도다 좋은 소식을 전하는
자들의 발이여 함과 같으니라

-로마서 10장 13~15절

or,"Everyone who calls on the name of the Lord will be saved."
How, then, can they call on the one they have not believed in? And how can they believe in the one of whom they have not heard? And how can they hear without someone preaching to them?
And how can they preach unless they are sent? As it is written,"How beautiful are the feet of those who bring good news!"

0923

내가 복음을 전할지라도
자랑할 것이 없음은 내가 부득불 할 일임이라
만일 복음을 전하지 아니하면
내게 화가 있을 것이로다

-고린도전서 9장 16절

Yet when I preach the gospel, I cannot boast, for
I am compelled to preach. Woe to me if I do not
preach the gospel!

우리가 만일 미쳤어도 하나님을 위한
것이요 만일 정신이 온전하여도
너희를 위한 것이니

-고린도후서 5장 13절

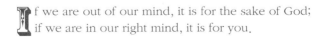

If we are out of our mind, it is for the sake of God;
if we are in our right mind, it is for you.

0925

하나님은 모든 사람이 구원을 받으며
진리를 아는 데에 이르기를 원하시느니라

-디모데전서 2장 4절

ho wants all men to be saved and to come to a
knowledge of the truth.

너는 말씀을 전파하라
때를 얻든지 못 얻든지 항상 힘쓰라
범사에 오래 참음과 가르침으로
경책하며 경계하며 권하라

-디모데후서 4장 2절

 reach the Word; be prepared in season and out
of season; correct, rebuke and encourage — with
great patience and careful instruction.

18
:
:

재림
Second Coming

의인이 죽을지라도 마음에 두는 자가 없고
진실한 이들이 거두어 감을 당할지라도
깨닫는 자가 없도다
의인들은 악한 자들 앞에서 불리어가도다
그들은 평안에 들어갔나니 바른 길로 가는
자들은 그들의 침상에서 편히 쉬리라

-이사야 57장 1~2절

The righteous perish, and no one ponders it in his
heart; devout men are taken away, and no one
understands that the righteous are taken away to be
spared from evil.
Those who walk uprightly enter into peace; they find
rest as they lie in death.

0928

그 날에 그의 발이 예루살렘 앞 곧 동쪽
감람 산에 서실 것이요
감람 산은 그 한 가운데가 동서로 갈라져
매우 큰 골짜기가 되어서
산 절반은 북으로, 절반은 남으로 옮기고

-스가랴 14장 4절

n that day his feet will stand on the Mount of
Olives, east of Jerusalem, and the Mount of
Olives will be split in two from east to west, forming
a great valley, with half of the mountain moving north
and half moving south.

4장   요동하지 않는 믿음과 전도

그 때에 인자의 징조가 하늘에서 보이겠고
그 때에 땅의 모든 족속들이 통곡하며
그들이 인자가 구름을 타고 능력과
큰 영광으로 오는 것을 보리라

-마태복음 24장 30절

At that time the sign of the Son of Man will appear in the sky, and all the nations of the earth will mourn. They will see the Son of Man coming on the clouds of the sky, with power and great glory.

내가 너희에게 이르노니
그 밤에 둘이 한 자리에 누워 있으매
하나는 데려감을 얻고
하나는 버려둠을 당할 것이요
두 여자가 함께 맷돌을 갈고 있으매
하나는 데려감을 얻고
하나는 버려둠을 당할 것이니라

-누가복음 17장 34~35절

I tell you, on that night two people will be in one bed; one will be taken and the other left.
Two women will be grinding grain together; one will be taken and the other left.

너희는 스스로 조심하라
그렇지 않으면 방탕함과 술 취함과
생활의 염려로 마음이 둔하여지고
뜻밖에 그 날이 덫과 같이
너희에게 임하리라

-누가복음 21장 34절

Be careful, or your hearts will be weighed down
with dissipation, drunkenness and the anxieties
of life, and that day will close on you unexpectedly
like a trap.

1001

보라 내가 너희에게 비밀을 말하노니
우리가 다 잠 잘 것이 아니요
마지막 나팔에 순식간에 홀연히
다 변화되리니 나팔 소리가 나매
죽은 자들이 썩지 아니할 것으로
다시 살아나고 우리도 변화되리라

-고린도전서 15장 51~52절

Listen, I tell you a mystery: We will not all sleep, but we will all be changed—in a flash, in the twinkling of an eye, at the last trumpet. For the trumpet will sound, the dead will be raised imperishable, and we will be changed.

그러나 우리의 시민권은 하늘에 있는지라
거기로부터 구원하는 자 곧 주 예수
그리스도를 기다리노니 그는 만물을
자기에게 복종하게 하실 수 있는 자의
역사로 우리의 낮은 몸을 자기 영광의
몸의 형체와 같이 변하게 하시리라

-빌립보서 3장 20~21절

But our citizenship is in heaven. And we eagerly await a Savior from there, the Lord Jesus Christ, who, by the power that enables him to bring everything under his control, will transform our lowly bodies so that they will be like his glorious body.

1003

주께서 호령과 천사장의 소리와
하나님의 나팔 소리로
친히 하늘로부터 강림하시리니
그리스도 안에서 죽은 자들이 먼저 일어나고
그 후에 우리 살아 남은 자들도
그들과 함께 구름 속으로 끌어 올려
공중에서 주를 영접하게 하시리니
그리하여 우리가 항상 주와 함께 있으리라

-데살로니가전서 4장 16~17절

For the Lord himself will come down from
heaven, with a loud command, with the voice of
the archangel and with the trumpet call of God, and
the dead in Christ will rise first.
After that, we who are still alive and are left will be
caught up together with them in the clouds to meet
the Lord in the air. And so we will be with the Lord
forever.

그들이 평안하다, 안전하다 할 그 때에
임신한 여자에게 해산의 고통이 이름과 같이
멸망이 갑자기 그들에게 이르리니
결코 피하지 못하리라

-데살로니가전서 5장 3절

While people are saying, "Peace and safety," destruction will come on them suddenly, as labor pains on a pregnant woman, and they will not escape.

환난을 받는 너희에게는 우리와 함께
안식으로 갚으시는 것이 하나님의 공의시니
주 예수께서 자기의 능력의 천사들과 함께
하늘로부터 불꽃 가운데에 나타나실 때에
하나님을 모르는 자들과 우리 주 예수의 복음에
복종하지 않는 자들에게 형벌을 내리시리니

-데살로니가후서 1장 7~8절

And give relief to you who are troubled, and to us as well. This will happen when the Lord Jesus is revealed from heaven in blazing fire with his powerful angels.
He will punish those who do not know God and do not obey the gospel of our Lord Jesus.

이와 같이 그리스도도
많은 사람의 죄를 담당하시려고
단번에 드리신 바 되셨고
구원에 이르게 하기 위하여
죄와 상관 없이 자기를 바라는 자들에게
두 번째 나타나시리라

-히브리서 9장 28절

So Christ was sacrificed once to take away the sins of many people; and he will appear a second time, not to bear sin, but to bring salvation to those who are waiting for him.

1007

그러나 주의 날이 도둑 같이 오리니
그 날에는 하늘이 큰 소리로 떠나가고
물질이 뜨거운 불에 풀어지고
땅과 그 중에 있는 모든 일이 드러나리로다

-베드로후서 3장 10절

But the day of the Lord will come like a thief.
The heavens will disappear with a roar; the
elements will be destroyed by fire, and the earth and
everything in it will be laid bare.

볼지어다 그가 구름을 타고 오시리라
각 사람의 눈이 그를 보겠고 그를 찌른 자들도
볼 것이요 땅에 있는 모든 족속이 그로 말미암아
애곡하리니 그러하리라 아멘

-요한계시록 1장 7절

ook, he is coming with the clouds, and every
eye will see him, even those who pierced him;
and all the peoples of the earth will mourn because
of him. So shall it be! Amen.

1009

보라 내가 도둑 같이 오리니
누구든지 깨어 자기 옷을 지켜
벌거벗고 다니지 아니하며
자기의 부끄러움을 보이지
아니하는 자는 복이 있도다

-요한계시록 16장 15절

Behold, I come like a thief! Blessed is he who
stays awake and keeps his clothes with him,
so that he may not go naked and be shamefully
exposed.

이것들을 증언하신 이가 이르시되
내가 진실로 속히 오리라 하시거늘
아멘 주 예수여 오시옵소서

-요한계시록 22장 20절

 e who testifies to these things says,"Yes, I am
coming soon."Amen. Come, Lord Jesus.

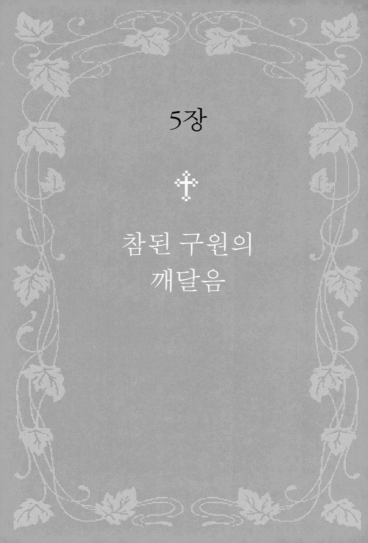

5장

✝

참된 구원의
깨달음

19

:

구원
Salvation

예수께서 이르시되 나는 곧 길이요 진리요 생명이니
나로 말미암지 않고는 아버지께로 올 자가 없느니라

-요한복음 14장 6절

여호와는 마음이 상한 자를
가까이 하시고 충심으로
통회하는 자를 구원하시는도다
의인은 고난이 많으나 여호와께서
그의 모든 고난에서 건지시는도다

-시편 34편 18~19절

The LORD is close to the brokenhearted and saves those who are crushed in spirit.
A righteous man may have many troubles, but the LORD delivers him from them all.

영접하는 자 곧 그 이름을
믿는 자들에게는
하나님의 자녀가 되는
권세를 주셨으니

-요한복음 1장 12절

Yet to all who received him, to those who
believed in his name, he gave the right to
become children of God

내가 진실로 진실로 너희에게 이르노니
내 말을 듣고 또 나 보내신 이를 믿는 자는
영생을 얻었고 심판에 이르지 아니하나니
사망에서 생명으로 옮겼느니라

-요한복음 5장 24절

I tell you the truth, whoever hears my word and believes him who sent me has eternal life and will not be condemned; he has crossed over from death to life.

다른 이로써는 구원을 받을 수 없나니
천하 사람 중에 구원을 받을 만한
다른 이름을 우리에게 주신 일이
없음이라 하였더라

-사도행전 4장 12절

Salvation is found in no one else, for there is no
other name under heaven given to men by which
we must be saved.

십자가의 도가 멸망하는
자들에게는 미련한 것이요
구원을 받는 우리에게는
하나님의 능력이라

-고린도전서 1장 18절

For the message of the cross is foolishness to those who are perishing, but to us who are being saved it is the power of God.

그런즉 누구든지 그리스도 안에 있으면
새로운 피조물이라 이전 것은 지나갔으니
보라 새 것이 되었도다

-고린도후서 5장 17절

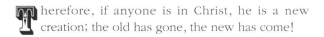

T herefore, if anyone is in Christ, he is a new
creation; the old has gone, the new has come!

이 복음이 이미 너희에게 이르매
너희가 듣고 참으로 하나님의 은혜를
깨달은 날부터 너희 중에서와 같이
또한 온 천하에서도 열매를 맺어 자라는도다

-골로새서 1장 6절

That has come to you. All over the world this gospel is bearing fruit and growing, just as it has been doing among you since the day you heard it and understood God's grace in all its truth.

미쁘다 모든 사람이 받을 만한 이 말이여
그리스도 예수께서 죄인을 구원하시려고
세상에 임하셨다 하였도다
죄인 중에 내가 괴수니라

-디모데전서 1장 15절

ere is a trustworthy saying that deserves full
acceptance: Christ Jesus came into the world to
save sinners — of whom I am the worst.

참된 구원의 깨달음

우리 구주 하나님의 자비와 사람
사랑하심이 나타날 때에
우리를 구원하시되 우리가 행한 바
의로운 행위로 말미암지 아니하고
오직 그의 긍휼하심을 따라
중생의 씻음과 성령의 새롭게
하심으로 하셨나니

-디도서 3장 4~5절

But when the kindness and love of God our Savior appeared, he saved us, not because of righteous things we had done, but because of his mercy. He saved us through the washing of rebirth and renewal by the Holy Spirit.

우리가 이같이 큰 구원을 등한히 여기면
어찌 그 보응을 피하리요
이 구원은 처음에 주로 말씀하신 바요
들은 자들이 우리에게 확증한 바니
하나님도 표적들과 기사들과
여러 가지 능력과 및 자기의 뜻을 따라
성령이 나누어 주신 것으로써
그들과 함께 증언하셨느니라

-히브리서 2장 3~4절

How shall we escape if we ignore such a great salvation? This salvation, which was first announced by the Lord, was confirmed to us by those who heard him.
God also testified to it by signs, wonders and various miracles, and gifts of the Holy Spirit distributed according to his will.

예수를 너희가 보지 못하였으나
사랑하는도다 이제도 보지 못하나
믿고 말할 수 없는 영광스러운 즐거움으로
기뻐하니 믿음의 결국 곧 영혼의 구원을
받음이라

-베드로전서 1장 8~9절

Though you have not seen him, you love him;
and even though you do not see him now, you
believe in him and are filled with an inexpressible
and glorious joy, for you are receiving the goal of
your faith, the salvation of your souls.

너희가 거듭난 것은
썩어질 씨로 된 것이 아니요
썩지 아니할 씨로 된 것이니
살아 있고 항상 있는
하나님의 말씀으로 되었느니라

-베드로전서 1장 23절

For you have been born again, not of perishable seed, but of imperishable, through the living and enduring word of God.

20
:
:

잠언
Proverbs

_1023_

내 아들아
여호와의 징계를 경히 여기지 말라
그 꾸지람을 싫어하지 말라

-잠언 3장 11절

y son, do not despise the LORD's discipline and
do not resent his rebuke.

1024

지혜는 진주보다 귀하니
네가 사모하는 모든 것으로도
이에 비교할 수 없도다

-잠언 3장 15절

She is more precious than rubies; nothing you desire can compare with her.

1025

네 손이 선을 베풀 힘이 있거든
마땅히 받을 자에게
베풀기를 아끼지 말며
네게 있거든 이웃에게 이르기를
갔다가 다시 오라
내일 주겠노라 하지 말며

-잠언 3장 27~28절

D o not withhold good from those who deserve it,
when it is in your power to act.
Do not say to your neighbor,"Come back later; ll' give
it tomorrow"— when you now have it with you.

게으른 자여 개미에게 가서
그가 하는 것을 보고
지혜를 얻으라

-잠언 6장 6절

o to the ant, you sluggard; consider its ways and
be wise!

1027

말이 많으면 허물을 면하기
어려우나 그 입술을 제어하는 자는
지혜가 있느니라

-잠언 10장 19절

hen words are many, sin is not absent, but he
who holds his tongue is wise.

1028

사람의 마음의 교만은
멸망의 선봉이요
겸손은 존귀의 길잡이니라

-잠언 18장 12절

efore his downfall a man's heart is proud, but
humility comes before honor.

너그러운 사람에게는
은혜를 구하는 자가 많고
선물 주기를 좋아하는 자에게는
사람마다 친구가 되느니라

-잠언 19장 6절

Many curry favor with a ruler, and everyone is the
friend of a man who gives gifts.

많은 재물보다 명예를 택할 것이요
은이나 금보다 은총을 더욱 택할 것이니라

-잠언 22장 1절

 good name is more desirable than great riches;
to be esteemed is better than silver or gold.

1101

너는 사람과 더불어
손을 잡지 말며
남의 빚에 보증을 서지 말라

-잠언 22장 26절

o not be a man who strikes hands in pledge or
puts up security for debts.

1102

술을 즐겨 하는 자들과
고기를 탐하는 자들과도
더불어 사귀지 말라
술 취하고 음식을 탐하는 자는
가난하여질 것이요
잠 자기를 즐겨 하는 자는
해어진 옷을 입을 것임이니라

-잠언 23장 20~21절

D o not join those who drink too much wine or
gorge themselves on meat, for drunkards and
gluttons become poor, and drowsiness clothes them
in rags.

1103

네 원수가 넘어질 때에
즐거워하지 말며
그가 엎드러질 때에
마음에 기뻐하지 말라

-잠언 24장 17절

O not gloat when your enemy falls; when he
stumbles, do not let your heart rejoice.

5장　참된 구원의 깨달음

일의 끝이 시작보다 낫고
참는 마음이 교만한
마음보다 나으니

-전도서 7장 8절

he end of a matter is better than its beginning,
and patience is better than pride.

1105

너는 아침에 씨를 뿌리고
저녁에도 손을 놓지 말라
이것이 잘 될는지, 저것이 잘 될는지,
혹 둘이 다 잘 될는지 알지 못함이니라

-전도서 11장 6절

Sow your seed in the morning, and at evening
let not your hands be idle, for you do not know
which will succeed, whether this or that, or whether
both will do equally well.

1106

지혜자들의 말씀들은
찌르는 채찍들 같고
회중의 스승들의 말씀들은
잘 박힌 못 같으니
다 한 목자가 주신 바이니라

-전도서 12장 11절

he words of the wise are like goads, their
collected sayings like firmly embedded nails —
given by one Shepherd.

지극히 작은 것에 충성된 자는
큰 것에도 충성되고
지극히 작은 것에 불의한 자는
큰 것에도 불의하느니라

-누가복음 16장 10절

hoever can be trusted with very little can also
be trusted with much, and whoever is dishonest
with very little will also be dishonest with much.

21

죄
Sin

1108

내가 애굽 땅을 칠 때에
그 피가 너희가 사는 집에 있어서
너희를 위하여 표적이 될지라
내가 피를 볼 때에 너희를 넘어가리니
재앙이 너희에게 내려 멸하지 아니하리라

-출애굽기 12장 13절

The blood will be a sign for you on the houses where you are; and when I see the blood, I will pass over you. No destructive plague will touch you when I strike Egypt.

육체의 생명은 피에 있음이라
내가 이 피를 너희에게 주어
제단에 뿌려 너희의 생명을 위하여
속죄하게 하였나니 생명이 피에 있으므로
피가 죄를 속하느니라

-레위기 17장 11절

For the life of a creature is in the blood, and I have given it to you to make atonement for yourselves on the altar; it is the blood that makes atonement for one's life.

내 이름으로 일컫는 내 백성이
그들의 악한 길에서 떠나
스스로 낮추고 기도하여
내 얼굴을 찾으면 내가 하늘에서
듣고 그들의 죄를 사하고
그들의 땅을 고칠지라

-역대하 7장 14절

If my people, who are called by my name, will
humble themselves and pray and seek my face
and turn from their wicked ways, then will I hear
from heaven and will forgive their sin and will heal
their land.

주께서 나를 대적하사 괴로운 일들을
기록하시며 내가 젊었을 때에
지은 죄를 내가 받게 하시오며
내 발을 차꼬에 채우시며
나의 모든 길을 살피사
내 발자취를 점검하시나이다
나는 썩은 물건의 낡아짐 같으며
좀 먹은 의복 같으니이다

-욥기 13장 26~28절

For you write down bitter things against me and
make me inherit the sins of my youth.
You fasten my feet in shackles; you keep close watch
on all my paths by putting marks on the soles of my
feet.
So man wastes away like something rotten, like a
garment eaten by moths.

사람이 어찌 깨끗하겠느냐
여인에게서 난 자가 어찌 의롭겠느냐
하나님은 거룩한 자들을 믿지 아니하시나니
하늘이라도 그가 보시기에 부정하거든
하물며 악을 저지르기를 물 마심 같이 하는
가증하고 부패한 사람을 용납하시겠느냐

-욥기 15장 14~16절

What is man, that he could be pure, or one born of woman, that he could be righteous? If God places no trust in his holy ones, if even the heavens are not pure in his eyes, how much less man, who is vile and corrupt, who drinks up evil like water!

주의 진노로 말미암아
내 살에 성한 곳이 없사오며
나의 죄로 말미암아
내 뼈에 평안함이 없나이다
내 죄악이 내 머리에 넘쳐서
무거운 짐 같으니
내가 감당할 수 없나이다

-시편 38편 3~4절

Because of your wrath there is no health in my
body; my bones have no soundness because of
my sin.
My guilt has overwhelmed me like a burden too
heavy to bear.

1114

내가 죄악 중에서
출생하였음이여
어머니가 죄 중에서
나를 잉태하였나이다

-시편 51편 5절

urely I was sinful at birth, sinful from the time
my mother conceived me.

1115

자기의 죄를 숨기는 자는
형통하지 못하나
죄를 자복하고 버리는 자는
불쌍히 여김을 받으리라

-잠언 28장 13절

He who conceals his sins does not prosper, but whoever confesses and renounces them finds mercy.

스스로 깨끗한 자로 여기면서도
자기의 더러운 것을 씻지 아니하는
무리가 있느니라

-잠언 30장 12절

모든 사람의 결국은 일반이라
이것은 해 아래에서 행해지는 모든 일 중의
악한 것이니 곧 인생의 마음에는 악이 가득하여
그들의 평생에 미친 마음을 품고 있다가 후에는
죽은 자들에게로 돌아가는 것이라

-전도서 9장 3절

This is the evil in everything that happens under
the sun: The same destiny overtakes all.
The hearts of men, moreover, are full of evil and
there is madness in their hearts while they live, and
afterward they join the dead.

여호와께서 말씀하시되
오라 우리가 서로 변론하자
너희의 죄가 주홍 같을지라도
눈과 같이 희어질 것이요
진홍 같이 붉을지라도
양털 같이 희게 되리라

-이사야 1장 18절

Come now, let us reason together, says the LORD.
Though your sins are like scarlet, they shall be as
white as snow; though they are red as crimson, they
shall be like wool.

1119

보옵소서
내게 큰 고통을 더하신 것은
내게 평안을 주려 하심이라
주께서 내 영혼을 사랑하사
멸망의 구덩이에서 건지셨고
내 모든 죄를 주의 등 뒤에
던지셨나이다

-이사야 38장 17절

Surely it was for my benefit that I suffered such anguish. In your love you kept me from the pit of destruction; you have put all my sins behind your back.

나 곧 나는 나를 위하여
네 허물을 도말하는 자니
네 죄를 기억하지 아니하리라

-이사야 43장 25절

I, even I, am he who blots out your transgressions, for my own sake, and remembers your sins no more.

내가 네 허물을 빽빽한 구름 같이,
네 죄를 안개 같이 없이 하였으니
너는 내게로 돌아오라
내가 너를 구속하였음이니라

-이사야 44장 22절

I have swept away your offenses like a cloud, your sins like the morning mist. Return to me, for I have redeemed you.

그가 찔림은 우리의 허물 때문이요
그가 상함은 우리의 죄악 때문이라
그가 징계를 받으므로 우리는 평화를 누리고
그가 채찍에 맞으므로 우리는 나음을 받았도다
우리는 다 양 같아서 그릇 행하여
각기 제 길로 갔거늘 여호와께서는
우리 모두의 죄악을 그에게 담당시키셨도다

-이사야 53장 5~6절

But he was pierced for our transgressions, he was crushed for our iniquities; the punishment that brought us peace was upon him, and by his wounds we are healed.
We all, like sheep, have gone astray, each of us has turned to his own way; and the LORD has laid on him the iniquity of us all.

여호와의 손이 짧아 구원하지 못하심도 아니요
귀가 둔하여 듣지 못하심도 아니라
오직 너희 죄악이 너희와 너희 하나님 사이를
갈라 놓았고 너희 죄가 그의 얼굴을 가리어서
너희에게서 듣지 않으시게 함이니라
이는 너희 손이 피에, 너희 손가락이
죄악에 더러워졌으며 너희 입술은
거짓을 말하며 너희 혀는 악독을 냄이라

-이사야 59장 1~3절

urely the arm of the LORD is not too short to
save, nor his ear too dull to hear.
But your iniquities have separated you from your
God; your sins have hidden his face from you, so that
he will not hear.
For your hands are stained with blood, your fingers
with guilt. Your lips have spoken lies, and your
tongue mutters wicked things.

무릇 우리는 다 부정한 자 같아서
우리의 의는 다 더러운 옷 같으며
우리는 다 잎사귀 같이 시들므로
우리의 죄악이 바람 같이
우리를 몰아가나이다

-이사야 64장 6절

All of us have become like one who is unclean, and all our righteous acts are like filthy rags; we all shrivel up like a leaf, and like the wind our sins sweep us away. spoken lies, and your tongue mutters wicked things.

주 여호와의 말씀이니라
네가 잿물로 스스로 씻으며
네가 많은 비누를 쓸지라도
네 죄악이 내 앞에 그대로 있으리니

-예레미야 2장 22절

lthough you wash yourself with soda and use an
abundance of soap, the stain of your guilt is still
before me, declares the Sovereign LORD.

1126

그러나 너는 말하기를 나는 무죄하니
그의 진노가 참으로 내게서 떠났다 하거니와
보라 네 말이 나는 죄를 범하지 아니하였다
하였으므로 내가 너를 심판하리라

-예레미야 2장 35절

Y ou say, I am innocent; he is not angry with me.
But I will pass judgment on you because you
say, I have not sinned.

만물보다 거짓되고 심히 부패한 것은
마음이라 누가 능히 이를 알리요마는
나 여호와는 심장을 살피며
폐부를 시험하고 각각 그의 행위와
그의 행실대로 보응하나니

-예레미야 17장 9~10절

The heart is deceitful above all things and beyond
cure. Who can understand it?
"I the LORD search the heart and examine the mind, to
reward a man according to his conduct, according to
what his deeds deserve."

다시 우리를 불쌍히 여기셔서
우리의 죄악을 발로 밟으시고
우리의 모든 죄를 깊은 바다에
던지시리이다

-미가 7장 19절

You will again have compassion on us; you
will tread our sins underfoot and hurl all our
iniquities into the depths of the sea.

나와 함께 아니하는 자는
나를 반대하는 자요
나와 함께 모으지 아니하는 자는
헤치는 자니라 그러므로 내가
너희에게 이르노니 사람에 대한
모든 죄와 모독은 사하심을 얻되
성령을 모독하는 것은 사하심을
얻지 못하겠고

-마태복음 12장 30~31절

He who is not with me is against me, and he who does not gather with me scatters.
And so I tell you, every sin and blasphemy will be forgiven men, but the blasphemy against the Spirit will not be forgiven.

기록된 바 의인은 없나니 하나도 없으며
깨닫는 자도 없고 하나님을 찾는 자도 없고
다 치우쳐 함께 무익하게 되고
선을 행하는 자는 없나니 하나도 없도다

-로마서 3장 10~12절

As it is written:"There is no one righteous, not even one; there is no one who understands, no one who seeks God.
All have turned away, they have together become worthless; there is no one who does good, not even one."

하나님이 죄를 알지도 못하신 이를
우리를 대신하여 죄로 삼으신 것은
우리로 하여금 그 안에서
하나님의 의가 되게 하려 하심이라

-고린도후서 5장 21절

God made him who had no sin to be sin for us, so that in him we might become the righteousness of God.

그가 우리를 흑암의 권세에서 건져내사
그의 사랑의 아들의 나라로 옮기셨으니
그 아들 안에서 우리가 속량
곧 죄 사함을 얻었도다

-골로새서 1장 13~14절

For he has rescued us from the dominion of darkness and brought us into the kingdom of the Son he loves, in whom we have redemption, the forgiveness of sins.

이는 하나님의 영광의 광채시요
그 본체의 형상이시라
그의 능력의 말씀으로 만물을 붙드시며
죄를 정결하게 하는 일을 하시고
높은 곳에 계신 지극히 크신 이의
우편에 앉으셨느니라

-히브리서 1장 3절

The Son is the radiance of God's glory and the exact representation of his being, sustaining all things by his powerful word. After he had provided purification for sins, he sat down at the right hand of the Majesty in heaven.

1203

염소와 송아지의 피로 하지 아니하고
오직 자기의 피로 영원한 속죄를 이루사
단번에 성소에 들어가셨느니라

-히브리서 9장 12절

He did not enter by means of the blood of goats and calves; but he entered the Most Holy Place once for all by his own blood, having obtained eternal redemption.

1204

대제사장이 해마다 다른 것의 피로써
성소에 들어가는 것 같이
자주 자기를 드리려고 아니하실지니
그리하면 그가 세상을 창조한 때부터
자주 고난을 받았어야 할 것이로되
이제 자기를 단번에 제물로 드려
죄를 없이 하시려고 세상 끝에
나타나셨느니라

-히브리서 9장 25~26절

Nor did he enter heaven to offer himself again and
again, the way the high priest enters the Most
Holy Place every year with blood that is not his own.
Then Christ would have had to suffer many times
since the creation of the world. But now he has
appeared once for all at the end of the ages to do
away with sin by the sacrifice of himself.

또 그들의 죄와 그들의 불법을
내가 다시 기억하지 아니하리라
하셨으니 이것들을 사하셨은즉
다시 죄를 위하여 제사 드릴 것이
없느니라

-히브리서 10장 17~18절

Then he adds:"Their sins and lawless acts I will remember no more."
And where these have been forgiven, there is no longer any sacrifice for sin.

만일 너희가 사람을 차별하여 대하면
죄를 짓는 것이니 율법이 너희를
범법자로 정죄하리라 누구든지 온
율법을 지키다가 그 하나를 범하면
모두 범한 자가 되나니

-야고보서 2장 9~10절

ut if you show favoritism, you sin and are
convicted by the law as lawbreakers.
For whoever keeps the whole law and yet stumbles at
just one point is guilty of breaking all of it.

친히 나무에 달려 그 몸으로
우리 죄를 담당하셨으니
이는 우리로 죄에 대하여 죽고
의에 대하여 살게 하려 하심이라
그가 채찍에 맞음으로 너희는 나음을 얻었나니
너희가 전에는 양과 같이 길을 잃었더니
이제는 너희 영혼의 목자와 감독 되신
이에게 돌아왔느니라

-베드로전서 2장 24~25절

He himself bore our sins in his body on the
tree, so that we might die to sins and live for
righteousness; by his wounds you have been healed.
For you were like sheep going astray, but now you
have returned to the Shepherd and Overseer of your
souls.

1208

만일 우리가 우리 죄를 자백하면
그는 미쁘시고 의로우사
우리 죄를 사하시며 우리를 모든
불의에서 깨끗하게 하실 것이요

-요한일서 1장 9절

If we confess our sins, he is faithful and just and
will forgive us our sins and purify us from all
unrighteousness.

이 세상이나 세상에 있는 것들을
사랑하지 말라 누구든지 세상을 사랑하면
아버지의 사랑이 그 안에 있지 아니하니
이는 세상에 있는 모든 것이 육신의 정욕과
안목의 정욕과 이생의 자랑이니
다 아버지께로부터 온 것이 아니요
세상으로부터 온 것이라

-요한일서 2장 15~16절

Do not love the world or anything in the world. If anyone loves the world, the love of the Father is not in him.
For everything in the world-the cravings of sinful man, the lust of his eyes and the boasting of what he has and does-comes not from the Father but from the world.

5장 참된 구원의 깨달음

죄를 짓는 자는 마귀에게 속하나니
마귀는 처음부터 범죄함이라
하나님의 아들이 나타나신 것은
마귀의 일을 멸하려 하심이라

-요한일서 3장 8절

He who does what is sinful is of the devil, because the devil has been sinning from the beginning. The reason the Son of God appeared was to destroy the devil's work.

22
·
·

율법
The law

1211

사람이 어찌 하나님께 유익하게 하겠느냐
지혜로운 자도 자기에게 유익할 따름이니라
네가 의로운들 전능자에게 무슨 기쁨이 있겠으며
네 행위가 온전한들 그에게 무슨 이익이 되겠느냐

-욥기 22장 2~3절

Can a man be of benefit to God? Can even a wise man benefit him?
What pleasure would it give the Almighty if you were righteous? What would he gain if your ways were blameless?

그러므로 율법의 행위로 그의 앞에
의롭다 하심을 얻을 육체가 없나니
율법으로는 죄를 깨달음이니라

-로마서 3장 20절

herefore no one will be declared righteous in his
sight by observing the law; rather, through the
law we become conscious of sin.

그러므로 사람이 의롭다 하심을
얻는 것은 율법의 행위에 있지 않고
믿음으로 되는 줄 우리가 인정하노라

-로마서 3장 28절

or we maintain that a man is justified by faith
apart from observing the law.

1214

그런즉 우리가 무슨 말을 하리요
율법이 죄냐 그럴 수 없느니라
율법으로 말미암지 않고는
내가 죄를 알지 못하였으니 곧 율법이
탐내지 말라 하지 아니하였더라면
내가 탐심을 알지 못하였으리라

-로마서 7장 7절

What shall we say, then? Is the law sin? Certainly not! Indeed I would not have known what sin was except through the law. For I would not have known what coveting really was if the law had not said,"Do not covet."

사람이 의롭게 되는 것은
율법의 행위로 말미암음이 아니요
오직 예수 그리스도를 믿음으로
말미암는 줄 알므로 우리도 그리스도
예수를 믿나니 이는 우리가 율법의
행위로써가 아니고 그리스도를 믿음으로써
의롭다 함을 얻으려 함이라
율법의 행위로써는 의롭다 함을
얻을 육체가 없느니라

-갈라디아서 2장 16절

Know that a man is not justified by observing the
law, but by faith in Jesus Christ. So we, too,
have put our faith in Christ Jesus that we may be
justified by faith in Christ and not by observing the
law, because by observing the law no one will be
justified.

내가 하나님의 은혜를 폐하지 아니하노니
만일 의롭게 되는 것이 율법으로
말미암으면 그리스도께서 헛되이
죽으셨느니라

-갈라디아서 2장 21절

I do not set aside the grace of God, for if
righteousness could be gained through the law,
Christ died for nothing!

그런즉 율법은 무엇이냐 범법함을
인하여 더한 것이라 천사들로 말미암아
중보의 손을 빌어 베푸신 것인데
약속하신 자손이 오시기까지 있을 것이라

-갈라디아서 3장 19절

이제는 너희가 하나님을 알 뿐 아니라
더욱이 하나님이 아신 바 되었거늘
어찌하여 다시 약하고 천박한 초등학문으로
돌아가서 다시 그들에게 종노릇 하려 하느냐
너희가 날과 달과 절기와 해를 삼가 지키니
내가 너희를 위하여 수고한 것이
헛될까 두려워하노라

-갈라디아서 4장 9~11절

But now that you know God—or rather are known by God—how is it that you are turning back to those weak and miserable principles? Do you wish to be enslaved by them all over again? You are observing special days and months and seasons and years!
I fear for you, that somehow I have wasted my efforts on you.

1219

그리스도께서 우리를
자유롭게 하려고
자유를 주셨으니
그러므로 굳건하게 서서
다시는 종의 멍에를 메지 말라

-갈라디아서 5장 1절

It is for freedom that Christ has set us free. Stand firm, then, and do not let yourselves be burdened again by a yoke of slavery.

율법 안에서 의롭다 함을 얻으려 하는
너희는 그리스도에게서 끊어지고
은혜에서 떨어진 자로다

-갈라디아서 5장 4절

You who are trying to be justified by law have
been alienated from Christ; you have fallen away
from grace.

1221

율법은 장차 올 좋은 일의 그림자일 뿐이요
참 형상이 아니므로 해마다 늘 드리는
같은 제사로는 나아오는 자들을
언제나 온전하게 할 수 없느니라

-히브리서 10장 1절

The law is only a shadow of the good things
that are coming — not the realities themselves.
For this reason it can never, by the same sacrifices
repeated endlessly year after year, make perfect those
who draw near to worship.

누구든지 온 율법을 지키다가
그 하나를 범하면 모두 범한 자가 되나니
간음하지 말라 하신 이가
또한 살인하지 말라 하셨은즉
네가 비록 간음하지 아니하여도
살인하면 율법을 범한 자가 되느니라

-야고보서 2장 10~11절

For whoever keeps the whole law and yet stumbles at just one point is guilty of breaking all of it.

For he who said, "Do not commit adultery," also said, "Do not murder." If you do not commit adultery but do commit murder, you have become a lawbreaker.

23
:
:
심판
Judgment

청년이여 네 어린 때를 즐거워하며
네 청년의 날들을 마음에 기뻐하여
마음에 원하는 길들과 네 눈이 보는
대로 행하라 그러나 하나님이 이 모든
일로 말미암아 너를 심판하실 줄 알라

-전도서 11장 9절

Be happy, young man, while you are young, and
let your heart give you joy in the days of your
youth. Follow the ways of your heart and whatever
your eyes see, but know that for all these things God
will bring you to judgment.

손에 키를 들고
자기의 타작 마당을 정하게 하사
알곡은 모아 곳간에 들이고
쭉정이는 꺼지지 않는 불에 태우시리라

-마태복음 3장 12절

H is winnowing fork is in his hand, and he will clear his threshing floor, gathering his wheat into the barn and burning up the chaff with unquenchable fire.

내가 너희에게 이르노니
사람이 무슨 무익한 말을 하든지
심판날에 이에 대하여 심문을 받으리니
네 말로 의롭다 함을 받고
네 말로 정죄함을 받으리라

-마태복음 12장 36~37절

ut I tell you that men will have to give account
on the day of judgment for every careless word
they have spoken.
For by your words you will be acquitted, and by your
words you will be condemned.

알지 못하던 시대에는
하나님이 간과하셨거니와
이제는 어디든지 사람에게 다 명하사
회개하라 하셨으니 이는 정하신 사람으로 하여금
천하를 공의로 심판할 날을 작정하시고
이에 그를 죽은 자 가운데서
다시 살리신 것으로 모든 사람에게
믿을 만한 증거를 주셨음이니라 하니라

-사도행전 17장 30~31절

In the past God overlooked such ignorance, but now he commands all people everywhere to repent.
For he has set a day when he will judge the world with justice by the man he has appointed. He has given proof of this to all men by raising him from the dead.

하나님께서 각 사람에게 그 행한 대로
보응하시되 참고 선을 행하여 영광과 존귀와
썩지 아니함을 구하는 자에게는 영생으로 하시고
오직 당을 지어 진리를 따르지 아니하고
불의를 따르는 자에게는 진노와 분노로 하시리라

-로마서 2장 6~8절

G od will give to each person according to what he
   has done."
To those who by persistence in doing good seek
glory, honor and immortality, he will give eternal life.
But for those who are self-seeking and who reject the
truth and follow evil, there will be wrath and anger.

기록되었으되 주께서 이르시되
내가 살았노니 모든 무릎이 내게 꿇을 것이요
모든 혀가 하나님께 자백하리라 하였느니라
이러므로 우리 각 사람이 자기 일을
하나님께 직고하리라

-로마서 14장 11~12절

It is written:"As surely as I live, says the Lord,
every knee will bow before me; every tongue will
confess to God."
So then, each of us will give an account of himself to
God.

불의의 모든 속임으로 멸망하는
자들에게 있으리니 이는 그들이 진리의
사랑을 받지 아니하여 구원함을 받지 못함이라
이러므로 하나님이 미혹의 역사를
그들에게 보내사 거짓 것을 믿게 하심은
진리를 믿지 않고 불의를 좋아하는
모든 자들로 하여금 심판을 받게
하려 하심이라

-데살로니가후서 2장 10~12절

And in every sort of evil that deceives those who
are perishing. They perish because they refused
to love the truth and so be saved.
For this reason God sends them a powerful delusion
so that they will believe the lie and so that all will be
condemned who have not believed the truth but have
delighted in wickedness.

지으신 것이 하나도 그 앞에
나타나지 않음이 없고
우리의 결산을 받으실 이의 눈 앞에
만물이 벌거벗은 것 같이 드러나느니라

-히브리서 4장 13절

Nothing in all creation is hidden from God's sight.
Everything is uncovered and laid bare before the
eyes of him to whom we must give account.

주기도문

하늘에 계신 우리 아버지여

이름이 거룩히 여김을 받으시오며

나라가 임하시오며

뜻이 하늘에서 이루어진 것 같이

땅에서도 이루어지이다

오늘 우리에게 일용할 양식을 주시옵고

우리가 우리에게 죄 지은 자를 사하여 준 것 같이

우리 죄를 사하여 주시옵고

우리를 시험에 들게 하지 마시옵고

다만 악에서 구하시옵소서

나라와 권세와 영광이

아버지께 영원히 있사옵나이다

아멘